IIIe OPUSCULE

LES DERNIÈRES ATTAQUES
CONTRE LA SALETTE
ET
LA RÉPUTATION DES DEUX BERGERS

LETTRE DE MÉLANIE
AU RÉDACTEUR DE LA SEMAINE CATHOLIQUE DE LYON,
ET
RÉPONSE A DIVERSES PUBLICATIONS,

PAR

C.-R. GIRARD,
Rédacteur du journal *La Terre-Sainte*,
Procureur général des Eglises-Unies,
Directeur de l'OEUVRE catholique d'Orient...

Prix : 1 fr. 25, à Grenoble.

S'adresser
au bureau du journal LA TERRE-SAINTE,
Chez l'auteur, M. GIRARD,
10, rue Chenoise, Grenoble (Isère),
ET CHEZ LES PRINCIPAUX LIBRAIRES.

1873

L'ŒUVRE CATHOLIQUE D'ORIENT ET D'OCCIDENT

a pour but d'aider partout au triomphe de l'Eglise et de seconder toute pieuse entreprise qui contribue au salut des âmes. Le règne de Dieu sur terre amènera avec lui tout bien spirituel et tout bien temporel. Rien donc de plus important que de s'unir pour propager la foi et la civilisation en se dévouant à la gloire du Saint-Siége. Cette œuvre existe depuis sept ans ; nous en avons donné une idée en tête de nos deux précédents Opuscules sur N.-D. de la Salette ; nous enverrons un prospectus détaillé aux personnes qui le demanderont. Le journal LA TERRE SAINTE ET LES ÉGLISES ORIENTALES est l'organe de cette association. Cette feuille paraît par livraison une ou deux fois par mois ; son prix est de 5 fr. par an. Dans chaque numéro on trouve des lettres des Patriarches, des Evêques, des missionnaires de tous les rites dont on seconde les travaux dans l'empire ottoman. Aucun journal ne donne autant de nouvelles et d'articles sur la patrie de J. M. J. et sur le mouvement religieux en Orient. Enfin, Pie IX a daigné bénir plusieurs fois cette pieuse association.

L'état actuel de la France, de l'Europe et de l'Univers entier prouve que le monde périt et périt misérablement, parce qu'il a renié Dieu, trahi l'Eglise, renversé les vrais principes et méconnu l'ordre, le droit et le devoir, pour se livrer à l'anarchie impie et révolutionnaire. Que toute âme qui veut vivre, qui veut aimer Dieu et le prochain, unisse donc ses efforts aux nôtres, et s'enrôle dans la croisade que commande la Vierge réconciliatrice ! !

Nos associés qui voudront faire la propagande de nos Opuscules, les auront à un prix très-réduit. — Nous hâtons l'impression de notre IVe Opuscule, intitulé : *Le Secret de la Bergère de la Salette, justifié par la doctrine des SS. docteurs, par les prophéties et par les évènements.* Cette révélation de la Sainte Vierge embrasse le présent et l'avenir. Nous y avons rattaché toutes les questions qui sont d'un intérêt majeur pour la période dans laquelle le monde va entrer. Notre Ve Opuscule est intitulé : *N.-D. de la Salette et le Clergé, ou Moyen de tarir les larmes de notre divine Mère.* — Si le bien des âmes l'exige, nous publierons *N.-D. de la Salette et l'épiscopat français, ou Lettres que seize Prélats de France ont daigné nous écrire en faveur de la sainte Apparition.*

C.-R. GIRARD.

LES DERNIÈRES ATTAQUES
CONTRE LA SALETTE

ET

LA RÉPUTATION DES DEUX BERGERS

LETTRE DE MÉLANIE

AU RÉDACTEUR DE LA SEMAINE CATHOLIQUE DE LYON

ET

RÉPONSE A DIVERSES PUBLICATIONS

PAR

C.-R. GIRARD

Rédacteur du journal *La Terre Sainte*
Procureur général des Eglises orientales

GRENOBLE

IMPRIMERIE DE PRUDHOMME, RUE LAFAYETTE, 14

—

1873

PROTESTATION

Ainsi que nous l'avons déclaré, nous soumettons tout ce que nous publions au jugement du Saint-Siége, condamnant d'avance tout ce qu'il n'approuverait pas.

Nous avouons également que les faits relatés dans cet opuscule, excepté ceux qui auront été approuvés par Rome, n'ont qu'une autorité humaine, et que nous ne voulons point, par nos actes et nos paroles, prévenir la décision du Saint-Siége, mais au contraire nous y soumettre et obéir à tous ses décrets.

C.-R. GIRARD.

Grenoble, impr. de Prudhomme. — T.

PRÉFACE

Un jour, Notre-Seigneur pleura sur Jérusalem : c'était à la veille de sa passion et des plus grandes calamités de la ville déicide. Le peuple juif, entraîné par ses prêtres et ses docteurs, reniait Celui qu'il avait voulu couronner, Celui qui était son Dieu et son Sauveur. Il le crucifia ! Le mal dominait alors en Israël et dans le monde entier.

Un jour aussi, Marie est venue dans son royaume de prédilection pleurer sur son peuple. Il faut donc, après XVIII siècles de Christianisme, que le mal l'ait encore emporté et qu'il règne sur l'univers. Les larmes de Marie annoncent donc un nouveau cataclysme, parce que le nombre des justes ne peut sauver les Sodôme et les Babylone modernes.

La folie de 89, issue de la folle indépendance de Dieu et de l'Eglise, a fini par s'emparer de toutes les nations et de tous les gouvernements. Aussi le caractère de notre époque est celui de l'APOSTASIE. On nie Dieu ; on blasphème J.-C. ; on le crucifie de nouveau dans la personne de son Vicaire; on méconnaît le Saint-Esprit; on veut absolument bannir Dieu et son Eglise de cette terre, leur interdire toute intervention dans notre société, et à leur place introniser la *révolution*. On acclame un César, un suppôt de Satan... et l'on décrète qu'ils sont nos seuls maîtres....

Notre temps rappelle celui du Bas-Empire et reproduit le spectacle, qu'il offrit, de la confusion des idées, du bouleversement de tous les droits, de l'agonie des nationalités et de la chute des Etats. L'impiété d'alors, semblable à l'impiété d'aujourd'hui, traînait aux gémonies les cadavres pourris des peuples et des souverains. L'aveuglement était si profond, que cette société maudite n'eut pas même conscience de sa dissolution. Aussi ne fit-elle rien pour échapper à sa condamnation, rien pour obtenir miséricorde. Elle marchait stupidement à la mort comme la brute va à l'abattoir. On pouvait dire d'elle ce que Dieu dit du pécheur : *Cum in profundum venerit, contemnit.*

Notre société ne vaut pas mieux : elle s'est même scandalisée de Marie venant pleurer sur nous. On ne voulait pas la représentation de ce mystère de douleur et d'amour ; on a entravé l'œuvre de Marie pour ne pas déplaire au César du jour ; on outrage, on chasse encore un des deux témoins de l'Apparition ; on nie leur mission et l'on insulte publiquement les pèlerins. Les impies se concertent; le docteur Voisin donne la main à l'ex-abbé Déléon, qui ne se cache plus sous un pseudonyme. Nous voyons même d'honorables écrivains se joindre aux incrédules pour annihiler et combattre cet évènement, unique dans les fastes de l'Eglise.

Nous savons que l'orgueil ne se soumet jamais. Cette volupté de l'esprit est pire que celle de la chair. Ces deux péchés, ces deux corruptions, après s'être emparés de la terre, tentent d'escalader le Ciel pour en précipiter le Très-Haut et y réintroniser Satan. Les meneurs de la révolution cosmopolite s'arment donc contre tout ce qui est saint; ils renversent tout ce qui est religieux; ils outragent les bons prêtres, pour glorifier les impudents qui déshonorent le clergé; ils enlèvent tout droit à la société spirituelle; ils corrompent l'enfance et la jeunesse; ils falsifient l'histoire, ils favorisent tout mal et empêchent tout bien. Est-il possible que la France se relève jamais, si Dieu l'abandonne à elle-même? Comment résisterait-elle à tant de sources d'infamies qui la dévorent: Les écoles libres-penseuses, les établissements universitaires et autres avec leurs classiques païens et leur science impie, les casernes *infectes*, les théâtres corrupteurs, les ateliers irréligieux, les mauvais livres et les journaux éhontés? Si nous voulons ressusciter, il faut absolument tuer la révolution en tuant ses œuvres et ses principes. Les conservateurs *libéraux* qui n'ont jamais rien conservé, et les honnêtes gens qui subissent toutes ces hontes [1] aident puissamment à la grande débâcle et aux grands châtiments de la société moderne. Oh! que les fils de la lumière sont peu habiles en comparaison des enfants de ténèbres! A ce dernier moment, que la France entière se réfugie donc dans le cœur de la Vierge Réconciliatrice et tombe aux pieds du Pape INFAILLIBLE que les sectaires lui ont trop fait méconnaître. Quant à nous, nous avons juré de combattre, jusqu'à extinction, tout contempteur de la Salette et tout ennemi de l'Eglise et de la France. Que J., M., J., daignent seulement nous soutenir.

(1) La séance de la rentrée solennelle des Facultés de Lyon vient de montrer au public un professeur capable de prononcer un discours impie, un recteur assez complaisant pour l'approuver, et un Ange de l'Eglise de France, avec des professeurs de théologie, craintifs au point de rester insensibles en entendant des blasphèmes. Oui! notre siècle brille par son apostasie et sa lâcheté. La France en est là... Il ne nous reste plus qu'à pleurer et à prier Dieu de prendre en main sa cause, puisque les siens l'abandonnent.

LES DERNIÈRES ATTAQUES

CONTRE

LA SALETTE ET SES TÉMOINS

I.

L'importance du fait de la Salette impose, à tous ceux qui se proposent d'en parler, l'obligation de ne point amoindrir la portée de cet évènement. Ils doivent ainsi éviter de diminuer la confiance que lui accorde la piété des fidèles, et de discréditer par des calomnies, ou même par de simples jugements téméraires, les heureux témoins de l'Apparition. Il est dit dans la sainte Ecriture : *Nolite tangere Christos meos; et in prophetis meis nolite malignari* (1 par. XVI, 22). Ne touchez point à mes élus et gardez-vous de dénigrer mes prophètes, de mal prendre leurs paroles qui vous dévoilent les secrets de l'avenir. A-t-on observé toujours les règles de prudence et de justice à l'égard des deux Bergers de la Salette? Nous osons dire qu'on les a trop souvent violées, et que plusieurs écrits qui traitent, même aujourd'hui, de ce fait miraculeux et de ses deux témoins, contiennent des inexactitudes et des assertions que rien ne peut excuser. Et qu'on ne croie point que nous parlons ici des pamphlets publiés par des incrédules ou de ces *chrétiens* qui, de parti pris, se posent en adversaires de l'Apparition; on ne peut raisonnablement attendre d'eux qu'ils respectent autrui, puisqu'ils ne se respectent pas eux-mêmes. Mais nous signalons les écrits de personnes, d'ailleurs honorables, même de dignes prêtres, qui, se trouvant peu au courant des efforts de l'enfer et du monde contre ce grand acte de la miséricorde divine, ou ne voulant y voir que ce qui les flatte et leur plaît, entravent l'œuvre de Dieu par *de petits écrits sans doctrine et sans bon sens*, selon les expressions de la SEMAINE CATHOLIQUE DE LYON.

Dans un temps où tout dégénère et s'affaiblit, on doit s'attendre assurément à des aberrations, même chez de braves gens. C'est ainsi que certaines personnes ont osé faire parvenir au Souverain Pontife les calomnies les plus atroces contre notre pieuse Bergère. Leur acharnement est même allé si loin, que Mgr Zola et S. G. Mgr Pelagna ont dû protester contre leurs allégations mensongères et charger par écrit Mgr Baillès de prévenir S. S. Pie IX sur cette dernière forme d'opposition que subit la Salette.—LA PAUVRE MÉLANIE A TOUJOURS ÉTÉ PERSÉCUTÉE, déclare Mgr Zola (*Compl. des secrets*, p. 145). Nous connaissons toutes les phases de ce long martyre qui remonte à 1853. On obéissait alors aux ordres de Bonaparte; obéirait-on aujourd'hui à ceux de M. Thiers? Mélanie lui a écrit; on sait qu'il n'aime pas les remontrances et qu'il se moque de l'intervention divine dans les affaires de ce monde.

Un vénérable prélat a bien caractérisé le genre de ces attaques qu'il nous charge d'ailleurs de réfuter. Il nous écrit que « cette guerre est suscitée par le démon, » moins contre la pauvre et vertueuse Mélanie que » contre les célestes révélations de la Salette, afin de » les détruire, ou tout au moins de les affaiblir et d'em- » pêcher ainsi le bien des âmes. » En effet, on ne diffame Mélanie que pour enlever toute autorité à ses révélations et toute confiance à ses lettres. Mais comment ne voit-on pas que cette persistance à la poursuivre prouve évidemment qu'elle a dit vrai? On se soucierait peu de ses paroles, si elles ne reposaient sur aucun fondement; mais, parce qu'elle a indiqué du doigt les plaies de la société actuelle et stigmatisé en particulier les torts de certains individus, ceux-ci proclament partout que les révélations de la Bergère n'ont point une origine céleste.—Dès l'année 1846, Mélanie nous dénonçait à tous, d'une manière générale, les crimes qui souillent la terre. Elle nous prédisait les maux qui allaient fondre sur nous, si nous ne nous hâtions pas de nous convertir. En 1870, Mélanie réitère ses menaces; ses paroles deviennent même plus explicites, parce qu'on a semblé n'avoir pas compris ce qu'elle avait annoncé précédemment, comme venant du Ciel. Au reste, déjà en 1850, elle avait avoué à des ecclésiastiques la cause précise des larmes de Marie. Aujourd'hui, elle fait le même aveu à un digne prêtre; l'APOSTOLAT du 26 septembre 1872 l'a transmis à la *Semaine de Lyon*. Les paroles de la Bergère concordent parfaitement avec celles de Mgr Zola. « La personne, dit Mélanie, qui a porté son » jugement sur la lettre que j'avais écrite à ma mère, » et seulement pour les membres de ma famille, et sur » ma mission, aurait bien mieux fait de laisser ce » jugement à mon Evêque, à celui à qui le Saint-Père » m'a confiée et à mes confesseurs qui ont grâce pour » juger si ma mission est finie ou non. Ah! je com- » prends ce qui fait de la peine..... La Sainte Vierge a » dévoilé la plaie d'aujourd'hui; le sel s'est affadi; le » chandelier ne fait plus lumière!..... L'article de la » *Semaine catholique* ne met-il pas le sceau à ces pa- » roles de Marie : LES PRÊTRES SONT LE SUJET DE MES » LARMES, etc. Cet article ne tend-il pas à détruire la » foi en l'Apparition de la Sainte Vierge? »

II.

Dans cet opuscule, nous ne nous occuperons pas de ces fameux docteurs-médecins qui publient que Mélanie Mathieu et Bernadette Soubirous sont au nombre des aliénés qu'ils traitent....; ni de ces journaux impies qui ont pris à tâche de souiller, s'ils le pouvaient, tout ce qui est saint. Nous ne nous abaisserons pas jusqu'à les nommer, encore moins à les réfuter : ce serait temps perdu; au reste, ces journaux n'ont aucune influence sur les personnes honnêtes.

Nous ne nous arrêterons pas non plus aux insultes orales. Elles n'ont pas un grand retentissement, ni, partant, de bien fâcheuses conséquences, malgré toute leur grossièreté ! Maintenant on n'ose plus dire que Mélanie est morte et enterrée ; mais on ne craint point d'avancer qu'elle est *possédée ou folle, que sa méchanceté l'a fait chasser de huit couvents* ; qu'elle a de mauvaises mœurs ; qu'ainsi sa piété a déménagé avec sa raison, et autres semblables énormités. Nous les avons entendues nous-même, et beaucoup d'autres personnes les ont entendues aussi. Nous avons gardé le silence, parce que nous avons reconnu dans ceux qui tenaient ce langage un parti pris de fermer les yeux à la lumière et de poursuivre de leurs préventions celle qui leur parle charitablement de repentir et d'amendement. En outre, ces diffamations ne reposaient sur aucune preuve ; elles n'étaient appuyées d'aucune autorité. C'était, en un mot, de ces paroles dont il est dit *verba volant*; elles accusaient dans ceux qui se les permettaient un fond d'inconcevable légèreté.

Nous ne parlerons pas d'un religieux italien qui, ayant vu une seule fois Mélanie, est venu déclarer en France qu'il en était le confesseur, soutenir que les lettres signées par Mélanie ne sont pas d'elle, et d'autres absurdités..... Il suffisait d'entendre une seule fois ce pauvre personnage pour comprendre qu'il divaguait. Nous ne parlerons pas non plus de ces personnes qui, consultées par écrit sur le document remis en 1870 à M. l'abbé Bliard, répondent tantôt d'une façon tantôt d'une autre. Nous avons sous les yeux une lettre d'Alençon, datée du 7 avril, où nous lisons cette décision : « *Mon avis est qu'il ne faut pus tenir compte de ce document.* « Et c'est un prélat qui parle ainsi! Ailleurs, des prêtres, après avoir exprimé une confiance entière dans la haute portée et l'origine céleste de cette révélation, s'empressent (sur un mot d'ordre, assurément) de la discréditer et de l'attribuer à l'imagination de notre Bergère. — Oui ! nous omettons volontiers de discuter avec de semblables contradicteurs ; nous répondrons uniquement aux publications sérieuses qui mettent au service de l'Eglise et de l'ordre social un réel dévouement. Elles ont pu, malgré leurs désirs de combattre toujours pour la justice et la vérité, être mal renseignées sur cette question, ou la saisir sous un faux point de vue. Et comme, d'ailleurs, elles exercent une légitime influence sur les esprits droits et les âmes pieuses, elles méritent d'être éclairées et averties de leurs erreurs: *leurs écrits restent*, et l'impiété pourrait plus tard s'en prévaloir.

III.

La *Semaine catholique de Lyon* n'est pas la seule Revue qui incrimine Mélanie; plusieurs autres l'ont imitée. Nous trouvons aussi des inexactitudes dans L'ESPÉRANCE DU PEUPLE, excellent journal de Nantes, et dans LE PROPAGATEUR *de la Dévotion à saint Joseph*. Nous répondrons en peu de mots à ces deux publications, dont les assertions sont cependant assez graves. Mais nous serons plus explicites avec la *Semaine de Lyon*.

Dans son numéro du 11 mars 1872, l'ESPÉRANCE DU PEUPLE reproduit cette CHRONIQUE RELIGIEUSE:

« LA BERGÈRE DE LA SALETTE.

» On lit dans la *Décentralisation* de Lyon : Nous sa-
» vions que Mélanie se trouvait dans un *couvent de*
» *Castellamare*, aux environs de Naples, et nous avions
» ouï dire qu'elle annonçait des évènements graves.
» Nous avons voulu nous renseigner avec plus de pré-
» cision. Un de nos amis, prié de faire des recherches,
» *a mis trois mois pour découvrir le couvent* de la
» *jeune religieuse*, et il paraît qu'*on a été ébahi* d'ap-
» prendre que le lieu de sa retraite n'était point resté
» ignoré. *Il a été impossible d'obtenir des rensei-*
» *gnements sur ce qu'annonce ou n'annonce pas*
» *Mélanie;* on a répondu que *le silence lui avait été*
» *prescrit, et l'on a même désigné Mgr l'Evêque de*
» *Marseille (?) comme l'auteur de cette prescrip-*
» *tion.* »

» Ainsi donc nous ne sommes pas plus avancés,
» et la curiosité de nos lecteurs devra se contenter,
» comme la nôtre, de ce résultat négatif. »

Tel est le texte des deux journaux et probablement de quelques autres encore. Nous savons que cet article a été fait dans un bon esprit; que le point d'interrogation, après *Marseille*, marque l'étrangeté de cette intervention, si elle était possible. Mais il paraît que le correspondant a quelque peu enflé sa relation, pour la rendre sans doute plus intéressante. Ainsi il est impossible d'admettre 1° qu'il lui ait fallu trois mois pour découvrir à Castellamare, qui compte peu de maisons religieuses, le couvent où se trouve *la jeune religieuse* (elle a aujourd'hui 41 ans!!); 2° qu'on se soit *ébahi* d'apprendre que le lieu de sa retraite était découvert... Mélanie n'est point dans un couvent cloîtré; elle tient, avec une autre religieuse, une petite école dans cette ville, comme elle en tenait une près de Marseille, et elle n'a jamais fait grand mystère de sa résidence, puisqu'elle date ses lettres de Castellamare et que les journaux et les livres qui les reproduisent ne manquent guère de désigner cette ville; 3° qu'il ait été impossible d'*obtenir des renseignements sur ce qu'annonce ou n'annonce pas Mélanie*, car il est très-facile de causer avec Mélanie. Elle n'a d'ailleurs qu'à indiquer aux visiteurs les livres qui ont fidèlement publié le texte de ses entretiens avec la Sainte Vierge et ses lettres; 4° qu'on ait répondu *que le silence lui a été prescrit par Mgr de Marseille*.... Mgr Place a bien pu ordonner à Mélanie de se taire lorsqu'elle était sous sa juridiction; mais, depuis bientôt six ans, Mélanie n'a plus à obéir qu'à ses confesseurs et à l'Evêque qui l'a recueillie lorsqu'elle était de nouveau *expulsée de Marseille*.

Passons à l'autre publication.

IV.

Le *Propagateur de la dévotion à saint Joseph* est rédigé par le R. P. Huguet. Ce digne religieux, connu par ses nombreux ouvrages, raconte à ses lecteurs, dans son numéro du mois de novembre 1872, le pèlerinage qu'il a fait au mois de septembre à la Sainte Montagne de la Salette. Dans son récit, il donne d'abord un démenti à M. Dausse, en citant quelques paroles de Maximin; il adopte ensuite, sur un point, les raisonnements de la *Semaine catholique de Lyon*, qu'il se charge bientôt de contredire. Nous relatons les passages de cet article qui exigent des explications. A la page 385, il dit : « D'après une question que nous » avons adressée à Maximin en présence d'un grand » nombre de fidèles réunis autour de la Fontaine Mi» raculeuse, il résulte qu'il n'est pour rien dans les » *brochures* où l'on prétend rapporter le secret que » Marie lui a confié. *Il a déclaré formellement ne* » *l'avoir jamais livré à personne.* »

M. Dausse était, avec M. le chanoine de Taxis, témoin de ce que Maximin envoyait à S. S. Pie IX. — Comme personne, sur ce point, n'est actuellement mieux instruit que M. Dausse, nous lui fîmes examiner et rectifier notre opuscule LES SECRETS DE LA SALETTE. Après avoir lu que Maximin l'avait forcé à prendre une des copies de son secret, M. Dausse nous a déclaré lui-même, *et a écrit sur notre manuscrit qui s'imprimait*, «qu'il avait remis deux copies de ce même secret, » l'une à Mgr Ginoulhiac sur sa demande *officielle*, le » 5 septembre 1855, et l'autre à M. le chanoine de » Taxis, sur ses vives instances, le 20 avril 1862. » Nous montrons, à qui veut la voir, cette déclaration, écrite de la main même de M. Dausse [1]. De plus, un digne curé, ancien missionnaire de la Salette, M. l'abbé Bossan, est allé voir M. Dausse, puis lui a écrit pour l'en-

[1] Nous savons bien que M. Dausse a fait une circulaire très-surprenante, qu'il ne communique qu'à ses intimes; aussi nous la cache-t-il, comme il a caché à l'*Académie catholique de Grenoble* une autre de ses protestations. Mais ces démentis que MM. Dausse et Maximin se donnent à eux-mêmes, n'ont pas d'influence, contre nous, auprès des gens sensés. M. C. de Stenay, dans l'AVENIR DÉVOILÉ, dans les GRANDEURS ET MALHEURS DE LA FRANCE et les DERNIERS AVIS PROPHÉTIQUES, le leur fait bien voir. M. de Stenay nous écrit qu'il attend que ces Messieurs l'attaquent, parce que, les devancer, ce serait affaiblir ce qu'il a imprimé contre eux. Nous demandons encore à M. Dausse de composer lui-même un tribunal d'honneur pour y comparaître tous deux et faire examiner nos pièces. Nous faisons la même offre à quiconque contredirait nos écrits. Notre loyauté le veut ainsi.

tretenir sur toutes ses explications et rectifications, afin de bien s'en assurer et même de les discuter. L'assertion du R. P. Huguet prouve donc que, tout en ayant l'intention de s'éclairer sur la nature de ce conflit, il n'a réellement questionné qu'une seule des deux parties intéressées ; ensuite qu'il n'a pas compris ou retenu la réponse de Maximin. En effet, si Maximin a dit vrai, il dément la déclaration écrite de M. Dausse. Alors celui-ci aurait trompé son évêque et son confesseur ; au lieu du secret de Maximin, il leur aurait donné une imposture inventée par lui. Mais si M. Dausse a agi loyalement, comme tout porte à le supposer ; si son témoignage doit faire foi, dès lors le R. P. Huguet fait entendre par sa communication irréfléchie que Maximin a perdu la mémoire ou qu'il ment. Or, comme ce digne religieux, malgré ses bonnes intentions, n'avait nullement mission de rechercher la vérité à cet égard, et qu'il n'en a pas pris les moyens, nous préférons croire que Maximin, surpris par cette demande indiscrète, faite publiquement, lui a répondu d'une manière ambiguë, en ajoutant *une restriction mentale* ou en prononçant mal *deux mots*. Il lui aura répondu : *Je n'ai jamais livré* PAR PAROLES *mon secret à personne.*

C'est maintenant à M. Dausse, mis en demeure par le R. P. Huguet et par M. de Stenay, à s'expliquer catégoriquement. — Après sa *déclaration* et sa *contre-déclaration* ou circulaire confidentielle dont il ne nous a point donné communication, on conçoit que nous n'allions pas l'en prier nous-même.

Si le R. P. Huguet a eu l'intention, au contraire, de nous mettre en cause nous-même avec nos opuscules, nous irons à Lyon, et, devant témoins, nous l'inviterons à venir lire la déclaration de M. Dausse, ainsi que ses autres annotations. De plus, nous lui communiquerons trois lettres de M. l'abbé Bossan, relatives à ce qu'il a publié si débonnairement. Enfin, nous l'édifierons sur ses attaques de 1871.

Mais là ne se borne pas la relation édifiante de ce pèlerinage. Sur onze alinéas, il y en a cinq de polémique dans le genre de celui que nous venons de citer. Dans le dixième, le R. P., venant en aide à la *Semaine catholique de Lyon*, dit : « Elle (la veuve Mathieu) nous » a donné à lire une lettre de Mélanie, *devenue sœur* » *de la Croix*, et le texte de cette missive, reçue il y a » peu de mois, EST TOUT DIFFÉRENT de celui qu'on *s'est* » *permis* de faire imprimer dernièrement. »

Le R. P. ignore que c'est un digne prêtre, comme lui pèlerin de la Salette, qui a rapporté ce dernier texte, et qui a demandé avec instance qu'on le publiât. Le R. P. devrait d'ailleurs, pour prouver son dire, publier le texte même de la lettre dont il parle. Pourquoi proteste-t-il si légèrement... lorsque Mélanie elle-même explique ces changements involontaires et déclare qu'ils n'autorisent pas les assertions *de la Semaine de Lyon?*

Enfin, le dernier alinéa du R. P. contredit cette même *Semaine*, affirmant que *la mission des témoins de l'apparition fut terminée le jour où la Sainte Vierge leur apparut*. Le R. P. Huguet prolonge cette mission pendant cinq ans : « Quoi qu'il en soit, dit-il, la mission » des bergers de la Salette a été terminée après la longue » et sérieuse enquête qui a été suivie du mandement de » Mgr l'évêque de Grenoble, constatant le fait de l'ap- » parition de Marie. » Il nous suffira de lui demander pourquoi il préfère son opinion à celle du rédacteur de la *Semaine de Lyon*, *qui est publiée avec l'approbation de l'Ordinaire*.

Le Concile provincial de Lyon, *la Semaine catholique* de ce diocèse, *la Semaine religieuse* de Grenoble, défendent *rigoureusement aux* ECCLÉSIASTIQUES de publier aucun écrit religieux sans l'approbation de l'Ordinaire. Il faut même que leurs livres portent en tête l'*imprimatur*, *le visa épiscopal*, sous peine d'être fort mal notés par ces deux *Semaines*. Nous comprenons maintenant que le PROPAGATEUR et l'opuscule PIE IX ET LES SECRETS DE LA SALETTE, du R. P. Huguet, n'aient pas obtenu le *visa de l'archevêché* ; mais nous ne comprenons pas trop que la vente de ces publications ait lieu sans ces formalités.

Maintes fois on nous a prévenu des efforts du digne Propagateur de la dévotion de saint Joseph contre nos opuscules sur la Salette, sans doute pour ôter toute envie à ses 25,000 abonnés de les comparer aux siens sur le même sujet. Son ardeur n'irait pas plus loin contre les ouvrages les plus impies. — Enhardi par notre silence et par l'estime que nous lui accorderons toujours, ce bon Religieux croit bien faire de nous harceler dans ses publications et ses paroles, pour nous forcer à l'éclairer, ou pour propager ses préventions contre nos livres. Au commencement de décembre 1872, étant à Lyon, nous le prévînmes par écrit que nous avions eu l'honneur de voir son vénéré Supérieur, le R. P. Favre, et de lui parler des attaques plus que singulières du *Propagateur*. Nous le priâmes aussi de nous fixer un rendez-vous où ses témoins dresseraient procès-verbal sur toutes les pièces que nous avions à produire contre ses assertions. — Nous avons en vain attendu pendant douze jours la réponse du R. P. Huguet. Maintenant nous sommes à sa disposition, quand il viendra à Grenoble.

Dans *Le Propagateur* du mois de décembre 1871, cet excellent Religieux débutait ainsi dans sa polémique : « Nous ne saurions trop prévenir nos lecteurs « contre ces *Recueils de prophéties* qui ne sont en « réalité qu'une vraie spéculation. Le 19 septembre « dernier, Mgr l'Evêque de Grenoble a déclaré formel- « lement, dans le discours qu'il a prononcé à la Sa- « lette, que Pie IX seul connaissait les secrets. Cela « n'empêche pas certains libraires de publier des bro- « chures contenant, disent-ils, les vrais secrets de la « Salette; et, pour mieux allécher le lecteur, ils les met- « tent sous le couvert d'un prétendu Supérieur des « Missions Latines. Or, nous sommes AUTORISÉ à dire « que ce n'est là que du pur charlatanisme et que le se- « cret que l'on dit avoir été communiqué par Méla- « nie, n'est qu'une calomnie absurde contre la partie « la plus saine de la société : *intelligentibus pauca.* »

Le R. P. Huguet nous connaît personnellement et, plus que tout autre, il a loué le courage et la loyauté qu'il admirait dans nos publications. Notre gratitude devait lui tenir compte de son passé, et nous espérions que les preuves que nous donnions des faits avancés par nous et les approbations que nous avons reçues feraient retomber son indignation sur la personne qui l'a *autorisé* a émettre des accusations si inconvenantes et même à se contredire lui-même. Nous ne pouvons plus espérer de notre contradicteur un retour volontaire à l'exactitude historique; et puisqu'en 1872 il continue ses attaques de 1871, puisqu'il a refusé de s'édifier sur nos titres, nous pécherions contre la vérité, si nous ne réfutions ses principales erreurs.

D'abord nous ne nous sommes jamais donné pour *Supérieur des Missions Latines*; ensuite, si les vénérables Patriarches et Evêques d'Orient nous ont tous nommé leur Procureur Général, ce n'est absolument que pour leur venir en aide dans leur pauvreté et pour défendre leur réputation contre bien des calomniateurs. Il faut croire que le R. P. sommeillait quand il nous a qualifié de *prétendu Supérieur des Missions Latines*, autrement il ne serait pas excusable.

Notre honorable adversaire ajoute que le secret (tant de fois publié avant que nous le reproduisions) est du *pur charlatanisme*. Or, nous avons ce *secret* écrit de la main même de Mélanie; nous l'avons affirmé dans nos opuscules; nous le portions au R. Père; nous lui aurions prouvé qu'en 1851 N. S. P. le Pape avait reçu cette pièce *plus complète*, et il traite tout cela d'absurde calomnie, de duperie, de charlatanisme! Vraiment ce mode de réfutation ne se trouve dans aucun manuel de logique, et cette manière de procéder est même condamnée par l'Evangile. Mais brisons là-dessus; ce qui nous est personnel n'est rien en comparaison de la cause que nous défendons.

Avant de répondre sur ce point, que le secret attribué à Mélanie n'est qu'une calomnie absurde contre la partie la plus saine de la société, le R. P. nous permettra de lui dire que tout le bien qui se fait ici-bas, et que toute bénédiction céleste qui descend sur notre terre, proviennent des ministres de Dieu. En effet, c'est par leur divin ministère que les âmes se sanctifient et qu'elles jouissent du bonheur dans ce monde et dans l'autre. Mais je lui demanderai aussi d'où proviennent nos maux, lui qui depuis longtemps combat le bon combat, lui qui jette à profusion ses bons écrits et les accumule afin d'étouffer les mauvais, lui qui a demandé et obtenu d'aller en prison, pour être libre de dire toute la vérité aux persécuteurs de l'Eglise. Je lui citerai dans un autre livre tous les saints docteurs qui, conformément à la Sainte-Ecriture, répondent avec saint Chrysostôme : *Sicut de templo omne bonum egreditur, sic et de templo omne malum procedit.* Ou, avec saint Grégoire : *Ruina populi maxime ex culpâ sacerdotum fuit.* (Hom. 39 in Evan.)

Le R. P. a touché ce point dans son opuscule *La Salette mieux connue.* En 1857, il avait toute confiance dans le secret de Mélanie. « Dix ans se sont « écoulés, dit-il, depuis l'apparition de l'auguste Reine « du ciel à la Salette; il est donc à croire que les menaces « contenues dans le secret vont recevoir leur accomplis- « sement. *Mélanie, aujourd'hui carmélite, annonce « qu'il nous reste peu de temps pour réparer*, et nous « presse de le mettre à profit » (page 117). A la même époque, il accusait, de concert avec Mélanie, LA PARTIE LA PLUS SAINE DE LA SOCIÉTÉ de ne pas faire son devoir, de mépriser sa vocation et sa mission. Ecoutons les terribles reproches qu'il adressait à ces médiateurs que Dieu a établis entre lui et les hommes : « Faisons ici, dit-il (page 120), faisons une réflexion bien utile et bien salutaire. Pourquoi les flots de la colère de Dieu, à cause des crimes de la terre, montent-ils sans cesse? Sachons-le, c'est à cause de la mollesse des âmes justes, dont le devoir est de réparer les fautes des pécheurs. Elles devraient s'unir pour faire violence à Dieu, apaiser sa justice, et elles se contentent de prier du bout des lèvres. Ames justes, songez-y, et ressuscitez en vous la ferveur et le zèle de la charité pour l'âme de vos frères. Que font, en effet, pour réparer, ces âmes justes qui ne suivent pas le sentier de l'iniquité ? — Rien ou presque rien. Elles affligent ainsi le cœur de Jésus à cause de leur ingratitude... Je voudrais avoir une voix qui pût retentir d'un pôle de la terre à l'autre, etc. » Ainsi, autant que Mélanie, il prend à partie ceux qui par état sont chargés de vivre *comme des pénitents publics*, d'expier et d'apaiser la colère divine. Sa voix ne retentit pas au gré de ses désirs... et lorsque la pieuse Bergère veut de nouveau le seconder, il l'écrase, ainsi que nous, sous le poids de son indignation. Nous répétons après lui *qu'il n'y a plus d'âmes généreuses....* Or, rien que cette mollesse des âmes justes, qu'il généralise, justifie les larmes et les plaintes si vives de la Très-Sainte Vierge; mais alors il partageait les sentiments que saint Liguori exprime dans son *Selva*. Aujourd'hui qu'il tombe en contradiction avec lui-même, il doit avouer ou qu'en 1857 *il a lui-même calomnié absurdement la partie la plus saine de la société*, ou que Mélanie a raison de le seconder encore dans ses reproches contre le clergé, d'autant plus que cette enfant privilégiée de Marie n'a jamais eu le malheur de se contredire.—Pour défendre contre lui-même sa première opinion, je puis appeler le témoignage des saints docteurs, tandis que rien n'appuie son démenti. Dès lors, son assertion si gratuite contre le document de Mélanie n'est qu'un argument en sa faveur. Le R. P. a étudié la doctrine des saints, et c'est sur leur enseignement, plus que sur les dires de Mélanie, qu'il a fondé ses terribles reproches contre les pasteurs des troupeaux. Mélanie n'a jamais étudié les SS. Pères, et elle n'a pu inventer des accusations qui d'elles-mêmes répugnent à toute âme droite; elle n'a donc pas trouvé dans ses propres connaissances la raison de ces reproches. *Intelligentibus pauca*, dit le R. P.! Ainsi notre contradicteur devra désormais déplorer qu'on ignore trop la cause des larmes de Marie, et regretter d'avoir si mal choisi son temps pour protester et se contredire, quand, au contraire, ces derniers instants devraient être uniquement employés aux larmes et aux gémissements, à l'humiliation et à la pénitence : *inter vestibulum et altare plorabunt sacerdotes.*

Dans *La Salette mieux connue* (pages VI, 14, 19), le R. P. avoue qu'il a les raisons les plus convaincantes de croire que les calamités annoncées dans les secrets confiés aux Bergers vont se réaliser; que ces secrets renferment bien d'autres choses qui arriveront aussi; que des temps viendront où tout sera dévoilé et que l'accomplissement de ces prophéties convaincra forcément les plus incrédules et sera la preuve la plus invincible en faveur du fait de la Salette. Ainsi, en 1857, sa conviction est que la mission des enfants n'est pas terminée, et qu'ils feront connaître leurs secrets. Mélanie a remis l'entretien mystérieux de Marie d'abord à S. S. Pie IX, et plusieurs personnages dignes de toute estime en ont eu connaissance... Postérieurement, elle l'a remis, soit à Marseille, soit à Castellamare, à d'autres personnes qui l'affirment, comme M. l'abbé Bliard, le digne supérieur de la Salette, M. l'abbé Cloquet, etc., et elle l'a divulgué avec l'agrément de ses supérieurs. Aussitôt, changeant ses précédentes affirmations, le P. Huguet ose les désavouer; son indignation l'emporte jusqu'à déraisonner, il se dit autorisé dans ses incriminations et il oublie que son caractère sacré l'oblige à plus de réserve qu'un simple laïque.

Mais la contradiction du R. P. est bien plus forte, il dément à la fin de 1871 ce qu'il a publié dix fois dans la même année. Son opuscule, *Pie IX et les Secrets de la Salette*, ne semble fait que pour glorifier Mélanie, et dans cette brochure il s'écrie avec la pieuse Bergère : « Malheur aux chefs du peuple de Dieu ! Malheur à « ceux à qui les âmes sont confiées et qui les laissent « perdre... Car ceux qui les premiers auraient dû s'op- « poser au mal laissaient faire. » Enfin, avec Mélanie, il affirme dix fois que *ces paroles ne sont point les paroles de Mélanie*, MAIS BIEN LES PAROLES DE LA VIERGE QUI PLEURAIT EN ANNONÇANT CES FLÉAUX AU MONDE. Ainsi le R. P. Huguet a rivalisé de zèle et de charité avec Mélanie pour le salut des âmes; il nous a devancé nous-mêmes... et c'est maintenant lui qui nous accuse de répandre d'absurdes calomnies contre la partie la plus saine de la société et qui nous attribue ses œuvres ! Pense-t-il donc que Mélanie a fait une substitution frauduleuse, ou veut-il nous en accuser nous-mêmes? Mais est-il licite, pour changer de conviction et incriminer son prochain, de soulever un doute et d'injurier? L'oubli de la charité permet-il l'oubli de la stricte justice et du bon sens? Enfin le R. P. peut-il déclarer qu'il n'avait pas su de prime-abord que ce secret *calomniait la partie la plus saine de la société*, lorsqu'il a aidé de tout son pouvoir à la propagation de cette dénonciation.

Le R. P. a tellement cru à la véracité de Mélanie, qu'il déclare (p. 50, *Sal. mieux conn.*) que c'est grandement s'exposer au péché que de nier l'apparition (p. 55) ; que le Saint-Père a témoigné le plus vif intérêt à ce que renferment les Secrets ; qu'enfin il a justifié les diverses assertions de Mélanie dans son opuscule *Pie IX et les Secrets* (P. 32). Mais il va trop loin, car il prend ses rêves pour des réalités lorqu'il imprime en 1871, *que Mélanie est encore dans son couvent du Carmel, où elle ne cesse de prier Dieu, avec larmes, d'abréger les épreuves de la France.* Vraiment, lorsqu'on est si peu instruit de ce qui concerne Mélanie, et qu'on soutient si aveuglément ce qui n'est pas, on devrait se garder de toute controverse, car on s'est enlevé tout crédit.

Le R. P. ne donne aujourd'hui aucune raison pour refuser à Mélanie le droit et la mission de révéler son secret, secret dont précédemment il attendait la divulgation. Ce secret une fois publié, le R. P. le condamne parce que, après l'avoir pressenti et approuvé, il a ensuite jugé utile à ses intérêts de le taxer d'absurde calomnie, comme s'il avait le droit de le juger et de condamner tout ce que les supérieurs de Mélanie ont approuvé et ce que nous avons publié à leur satisfaction.

Notre contradicteur paraît ne renverser aujourd'hui que par caprice ce qu'il a soutenu hier, tant il est pauvre de raisons et tant ses dires se tournent contre lui. Au lieu d'agir aussi légèrement, le R. P. ne devait-il pas s'instruire auprès des autorités qui dirigent la pieuse Bergère et des personnes qui nous ont encouragés ?

Mélanie rend d'abord témoignage sur le secret qu'elle a reçu de la Ste-Vierge et, l'heure étant venue, elle le divulgue. Personne mieux qu'elle ne pouvait transmettre le message divin. Elle a vu, elle a entendu ; elle a donné des preuves de sa réserve et de sa véracité ; personne autre, en dehors de l'intervention des supérieurs, n'a autant de droit qu'elle pour affirmer les paroles de Marie. Quant au jugement officiel et public sur le document publié et sur ce qui reste à publier, les supérieurs légitimes de Mélanie se sont réservé le droit de le porter, s'ils le croient opportun. Les esprits, du reste, n'étant nullement préparés à recevoir cette révélation, il est manifeste pour tous que l'autorité ne pouvait que laisser faire ; on ne saurait trouver un mode plus convenable pour ces sortes de communications. Mélanie a envoyé à S. S. Pie IX tout ce que la Ste-Vierge lui a inspiré d'écrire; aux autres, elle a fait de même, et dans sa lettre du 11 septembre 1871, elle a écrit à l'abbé Cloquet que *le monde n'est pas préparé à tout recevoir*. L'avenir nous réserve donc de plus amples détails ?.....

Nos livres, dit encore notre adversaire, sont du *pur charlatanisme*. Alors que pense-t-il des approbations qu'ils ont reçues?..—Mais nous devons nous arrêter dans notre réfutation, car nous avons assez montré combien huit ou dix lignes de notre contradicteur contiennent de bévues, d'erreurs, de contradictions et de conséquences odieuses.

Avant de se prononcer si légèrement contre le document de Mélanie, pourquoi notre contradicteur n'a-t-il pas suivi la règle établie par la Théologie mystique, relativement aux visions et aux révélations ? « Il faut « avant tout examiner leur caractère : si l'objet de la « révélation n'est pas digne de Dieu; s'il est contraire « à la foi et aux bonnes mœurs, fût-ce en très-peu de « chose; s'il est opposé aux traditions de l'Eglise, aux « définitions des Conciles ou au sentiment des Doc« teurs, la vision ou la révélation est certainement « fausse, car Dieu ne peut être opposé à lui-même. » (Schram, *Théol. myst.*, 2e v., chap. IV.) Le supérieur des chanoines réguliers de Latran, Mgr Zola, répond aussi aux contradicteurs qu'ils doivent tout d'abord, pour s'assurer de l'importance et du caractère des dernières révélations de Mélanie, suivre les règles établies pour juger ces matières, tout en soumettant leur appréciation au jugement du chef infaillible de l'Eglise. « Mais, mon Dieu ! ajoute-t-il, quel examen veut-on faire des vérités qui sont conformes à la Sainte-Ecriture et aux documents qu'offre l'histoire ecclésiastique et que l'Eglise avoue et ne cesse de rappeler.... Pasteurs et brebis, nous avons tous péché et nous devons tous nous sanctifier! »

Enfin, que le R. P. nous dise, puisque Mélanie a reçu un secret dont il a annoncé la révélation dans un temps donné, pour quelle raison la Bergère, dédaignant de nous livrer le vrai texte, aurait préféré nous en donner un falsifié, arrangé à sa façon, et cela au péril de son honneur et de son salut éternel, et au péril, quand elle voudra donner le texte véritable, de courir le risque de ne plus convaincre personne?—Toute réponse lui est impossible. Pour nous, nous croyons avec Mgr Zola, que le démon cherche toujours à obscurcir par tous les moyens le grand fait de l'Apparition. Si la croyance s'emparait de toutes les âmes que Mélanie a vraiment répété les paroles de Marie dans ce document, les prêtres et les fidèles de bonne foi feraient comme les Ninivites, pour ne pas périr et pour obéir à Dieu. Aussi le démon a montré sa rage contre cette grande manifestation de la miséricorde divine, plus que contre n'importe quelle autre. Peut-on croire qu'il soit étranger à ces efforts persévérants de bon nombre de personnes, de prêtres même qui récriminent contre Mélanie, qui noircissent sa réputation en lui imputant mille abominations? Ils donnent, sans s'en douter, dans le piége du *méchant*, et par là ils empêchent la conversion des uns et la perfection des autres, en persuadant à tous que Dieu n'est point irrité contre le monde et que, content de nous, il ne saurait nous faire sentir le poids de sa justice.... Sans le vouloir, le R. P. Huguet s'est mis au nombre des ennemis de Mélanie et de la Sainte-Apparition. Nous lui avons répondu ; passons à un autre.

V.

La Semaine Catholique de Lyon vient de publier ces *six alinéas* dont l'auteur a voulu rester inconnu :

1. « UNE PRÉTENDUE LETTRE DE MÉLANIE, BERGÈRE DE LA SALETTE. — Depuis quelques semaines, on ré-

pand parmi le public pieux, à Lyon et dans les campagnes, la copie imprimée d'une lettre que Mélanie, l'ancienne bergère de la Salette, aurait écrite à sa mère au mois de mai dernier et où elle annonce, dans le style prophétique, de grands malheurs, à très-bref délai, pour la France et pour l'Italie.

2. « On nous assure que beaucoup de personnes se préoccupent de ces prédictions, et nous nous sommes aperçu que les journaux hostiles à l'Eglise s'en prévalent pour jeter le ridicule sur ses pratiques et ses institutions.

3. « Ni les personnes pieuses n'ont lieu de s'effrayer, ni les journaux anti-religieux n'ont le droit de sourire, en lisant ce petit écrit ou les autres du même genre qui seraient distribués par des mains intéressées ou imprudentes.

4. « D'abord c'est ici un écrit qui ne présente aucun caractère d'authenticité; nous ne voyons point de nom sérieux qui s'en porte garant devant le public. Il peut être simplement l'œuvre d'un esprit fanatisé ou même d'un mauvais plaisant. On en a vu de pareilles de notre temps, et Mélanie, qui habite les environs de Naples, ne viendra pas se plaindre qu'on abuse de son nom.

5. « D'ailleurs, en admettant que cette lettre soit vraiment écrite par Mélanie, nous affirmons qu'elle ne mérite aucune attention et aucune confiance. La mission de Mélanie fut terminée le jour où la sainte Vierge apparut sur la montagne de la Salette. Depuis cette époque, et surtout dans ces derniers temps, elle a pu avoir la manie de prophétiser qui lui serait commune avec plusieurs autres esprits singuliers ou malades; mais l'Église ne lui a pas reconnu cette mission, elle n'a pas constaté en elle ce don. Mélanie n'a pas établi elle-même, d'aucune manière, qu'elle eût le droit de prendre un ton si élevé et de parler la langue des prophètes. On trouve même la preuve du contraire dans le texte de sa lettre (si elle est sienne), qui renferme des incohérences et des contradictions.

6. « Enfin, qu'on veuille bien se souvenir de la règle suivante : Les écrits qui traitent de choses religieuses ne méritent attention de la part des fidèles et n'enga-

gent l'Eglise aux yeux de ses ennemis que lorsqu'ils sont présentés, autorisés par les Evêques. Tant qu'ils sont dépourvus de ce *visa* nécessaire, ils doivent inspirer une grande défiance; il est au moins oiseux de les lire, il est dangereux ou imprudent de les propager. On peut légitimement craindre qu'ils n'aient leur source dans l'esprit d'erreur ou dans les calculs d'un mercantilisme d'autant plus blâmable qu'il *opère* sur les choses religieuses. Et les journaux ne pourraient sans injustice en rendre responsable la religion et ses ministres, qui sont plus attristés que personne de voir ces marchandises suspectes mises en vente aux abords du saint temple. »

A la suite de cette critique nous reproduisons la pièce qui y a donné lieu, afin que nos lecteurs apprécient du premier coup d'œil les deux auteurs et les deux écrits.

LETTRE DE MÉLANIE, BERGÈRE DE LA SALETTE,

Ecrite à sa mère vers le mois de mai 1872.

(22 avril.)

« Ma chère Mère,

« Que le Dieu de miséricorde veille sur nous et qu'il nous protége durant le moment épouvantable qui va éclater sur la France coupable, car la mesure des crimes est pleine.... Pauvre France... pauvre Italie... Ma chère mère, écrivez vite à mon frère, à mon frère qui est à Paris, et à ma sœur qui est à Marseille, ou bien vous aurez à pleurer. Paris doit périr, c'est la ville coupable... plus de temps à perdre, les fléaux les plus terribles, et tels qu'il ne s'en est jamais vu de semblables, vont fondre sur la France. Attachez-vous donc à la sainte Vierge, à notre sainte Religion et au saint Père le Pape, vicaire de Jésus-Christ. Si vous n'avez pas le scapulaire du Mont-Carmel, faites-vous le mettre ainsi qu'à mes frères et sœurs et ne perdez pas de temps; les fléaux viendront comme des voleurs. Confessez-vous et faites la sainte communion; soyez prêts à mourir si le bon Dieu le veut; mais ne perdez pas le

Ciel, où nous devons tous nous voir. Le sang coulera tout-à-coup et de tous côtés; un autre fléau apparaîtra et exterminera le premier fléau. Je tremble en voyant tant de maux. Je ne puis y penser... Procurez-vous deux ou trois cierges, faites-les bénir, et procurez-vous aussi de l'eau bénite; et quand vous entendrez du bruit dans les airs, fermez bien vos portes et vos fenêtres et faites des prières continuelles. Le sang coulera en Italie comme en France. On persécutera, on fera mourir les catholiques; les méchants s'enivreront du sang des chrétiens... Mon Dieu! mon Dieu! quel effrayant tableau! Prions.... prions et pleurons. Laissons rire ceux qui rient; ils ne riront pas alors. Laissons les incrédules se moquer de tout; bientôt ils boiront malgré eux jusqu'à la lie les vengeances du Seigneur des seigneurs, du Roi des rois. Que les habitants de mon pays prient beaucoup pour le Pape et pour le pauvre prêtre....

« Mon Dieu! mon Dieu! pourquoi ne s'est-on pas converti?... »

VI.

Cette lettre *incriminée* a trouvé à Lyon, en peu de jours, 12,000 acquéreurs; aucun d'eux, sauf notre anonyme, ne s'en est offusqué. Il dit bien que *des journaux hostiles à l'Église s'en prévalent pour jeter le ridicule sur ses pratiques et ses institutions*, mais il tait le nom de ces feuilles, et nos recherches n'ont pu les découvrir. Ensuite, notre critiqueur n'avait qu'à s'adresser au digne curé de Corps pour savoir si cette lettre était authentique ou non; alors, pour le bien de ses lecteurs et aussi de sa réputation, il aurait supprimé ses suppositions et ses quatre premiers paragraphes. L'auteur cache son nom; il ne cite pas LES JOURNAUX qui, d'après lui, à l'occasion de cette lettre, attaquent l'Église; il prétend même, sans en indiquer aucun, que des fanatiques font de semblables prédictions à notre époque... Vraiment notre anonyme se permet trop de licence pour être cru; ensuite il est ridicule de commencer ainsi la réfutation d'une lettre, qui, avant d'être imprimée, a parcouru, manuscrite, toute notre France et d'autres pays, sans soulever aucun blâme.

Bien des personnes, même des ecclésiastiques, nous ont demandé ce que nous pensions de cette lettre, dont nous avons reçu plusieurs copies plus ou moins conformes à l'imprimé. Nous avons adressé à la pieuse Bergère un de ces manuscrits. Elle nous répond : « L'extrait que vous m'avez adressé ne reproduit pas fidèlement ce que j'ai écrit à ma mère; je pense que, ne pouvant la copier, on se sera contenté de lire ma lettre et de la refaire de mémoire ; c'est ainsi que des inexactitudes ont dû se glisser. » — *L'imprimé Lyonnais* porte qu'il est conforme *au texte*... nous attendons une vérification pour savoir jusqu'à quel point cela est exact.

L'article que nous discutons sommairement, se réfute lui-même pour quiconque connaît un peu le fait de l'Apparition, ou bien a le sens droit. Mais il y a en France une secte *de repus et d'endormeurs* qui, sous Bonaparte, comme sous Thiers, s'acharnent à la ruine de notre patrie. Nous trouvons de ces sectaires chez les peuples chrétiens comme chez le peuple juif; ils crient partout et toujours : JOIE, PAIX, ABONDANCE, pour assoupir les appréhensions des gens de bonne foi et obtenir les faveurs des puissants du jour. Ils ne croient pas que la crainte de Dieu soit le commencement de la sagesse; ils soutiennent que dans ce monde tout est pour le mieux, et ils persécutent quiconque ne partage pas leur folie. Mélanie est une preuve vivante de leur lâche courtisanerie. Sur ce chapitre nous aurons beaucoup à dire.... Suffit-il donc à ces quelques individus d'être contents, pour exiger que tout le monde se réjouisse?

Nous ne connaissons pas l'auteur de ces prétentieux alinéas ; mais ils doivent être écrits par un des *satisfaits* de Bonaparte ou de Thiers; il leur paie ainsi sa reconnaissance. Dès lors, notre anonyme approuve la doctrine du respect à *tout pouvoir* et même à *tout agent* de n'importe quel pouvoir; il dit, non pas *aide-toi, le Ciel t'aidera;* mais, *moins l'homme fait, plus*

Dieu fait. Les petits esprits du siècle qui, pour plaire à Bonaparte, trahissaient leur devoir, proclament encore *qu'il vaut mieux obéir à l'homme qu'à Dieu.*

Si l'auteur *des six alinéas* n'est pas le *propriétaire-gérant de la Semaine de Lyon,* il en a du moins la responsabilité. C'est donc à lui que légalement nous nous adressons. Or, M. Josserand peut être un excellent libraire, sans que cela prouve qu'il soit un bon théologien et un serviteur intelligent. Son dernier alinéa le démontre surabondamment. Mais nous l'approuvons de blâmer les calculs d'argent dans les choses saintes. Toutefois, pour le cas présent, il doit prouver qu'il y a eu un mercantilisme déshonnête, en se gardant bien d'en accuser la Bergère de la Salette.

VII.

Nous ne répondrions pas à l'auteur des *six alinéas,* si nous n'y avions été engagé *par qui de droit.* Nous réfutons aujourd'hui à Grenoble, avec autorisation, la *Semaine de Lyon,* comme lorsqu'à Rome nous écrivions sur certains passages d'un mandement relatif à l'*Immaculée conception* et d'une brochure intitulée *le Concile Œcuménique.* — Tout est sérieux dans la grande affaire de la Salette. L'article de la *Semaine de Lyon* peut exciter, même sans le vouloir, de nouvelles machinations pour arrêter la grande œuvre de la conversion de la France, du salut de la société et du triomphe de l'Eglise; aussi sommes-nous allé à Lyon pour avoir des renseignements.—M. Josserand, propriétaire-gérant de la *Semaine catholique,* était en voyage; notre course n'a pas répondu entièrement à notre attente. Toutefois nous avons su que ce digne libraire n'est pour rien dans le blâme infligé à la Bergère de la Salette, que même il ne l'aurait pas approuvé, mais qu'il y a d'autres voix que la sienne dans le comité de rédaction. — Un de nos correspondants nous a promis une lettre qui nous édifiera sur toutes les circonstances de cette nouvelle attaque; or, les écrits valent mieux que les paroles; ils sont plus exacts, parce qu'ils sont plus réfléchis.

Nous avons encore appris que la *Semaine de Lyon*, avait fait goûter et reproduire son agression contre Mélanie par d'autres *Semaines* que nous croyons favorables à l'intervention divine dans les affaires de notre patrie, ainsi qu'aux instruments qu'il a plu au ciel d'employer à cette fin. On nous a cité celle de Reims, celle de Dijon, et la *Chronique religieuse* de Toulouse... On nous a aussi parlé d'un article *insipide* du PROGRÈS, auquel l'auteur des *six alinéas* fait allusion. Mais vraiment, ce n'était pas la peine de le semoncer pour ne pas faire mieux.

VIII.

Nous remercions les dignes prêtres qui nous ont envoyé la *Semaine catholique* de Lyon du 12 octobre dernier, nous prévenant qu'elle a essayé, mais sans paraître nous *viser*, de répondre à la réfutation de ses alinéas qui a paru dans la TERRE-SAINTE.

La *Semaine de Lyon* voudrait étayer ses assertions sur la *Semaine de Grenoble*. Grâce à celle-ci, elle a publié ce 7e *alinéa* qui ne vaut pas plus que les six précédents :

« La *Semaine Religieuse* de Grenoble, dit-elle, rap-
« pelait dernièrement très à propos et expliquait fort
« bien la prohibition de publier des écrits religieux
« sans l'autorisation des Evêques. L'application de
« cette règle de l'Eglise devient en effet de plus en plus
« nécessaire, en présence de cette inondation de petits
« livres, de petits écrits sans doctrine, sans véritable
« piété, souvent sans bon sens, qui peuvent enrichir les
« vendeurs, mais qui constituent, au jugement des
« esprits sérieux, un des grands dangers que court la
« Religion à notre époque. »

Nous reprochons à notre contradicteur d'avoir mal compris ; par conséquent, d'avoir résumé inexactement ce qu'il semble nous opposer. Cette entente cordiale est donc loin de justifier son indignation contre les *petits livres*, les *petits opuscules* qu'il se garde de nommer.—Comme nous ne savons pas plus nous cacher que dissimuler les arguments de nos adversaires, nous citons l'article de la *Semaine religieuse de Grenoble.* Nos lecteurs jugeront si l'anonyme pouvait l'interpréter comme il l'a fait dans l'intérêt de sa cause :

« *Nécessité de l'autorisation épiscopale pour la publication des livres de piété.*

« Nos statuts synodaux contiennent cette prescription : « Conformément au décret du Concile provincial, « nous défendons absolument à tout ecclésiastique « dans les ordres sacrés de publier un livre quelcon- « que traitant directement ou même indirectement de « matières relatives à la foi, aux mœurs ou à la disci- « pline de l'Eglise, sans l'autorisation du Saint-Siége « ou sans la nôtre. »

« Cette règle de sagesse et de prudence, que tout ecclésiastique doit observer, mériterait bien aussi d'être respectée par les laïcs, et nous savons en effet que les catholiques sérieux se font un devoir de la suivre. Mais il en est qui l'ignorent ou n'en tiennent pas compte : aussi est-il regrettable de voir livrer à l'impression et à la publicité, comme livre pieux, certains opuscules qui ne sont propres qu'à jeter le ridicule et le mépris sur des pratiques vénérables et saintes, en portant le lecteur à les confondre avec les inepties que ces opuscules préconisent. En cela nous n'hésitons pas à nous joindre à la mauvaise presse pour les flétrir ; mais quand cette presse ajoute que ce sont des prêtres ou des religieux qui sont les *auteurs* et *les propagateurs de ces œuvres instructives,* parce que des colporteurs, ou peut-être même quelques libraires, les vendront à leur insu jusqu'à la porte des sanctuaires, nous disons que c'est là une insinuation calomnieuse. On a quelquefois vendu aux pèlerins sur la montagne de la Salette des livres protestants ; je ne sache pas qu'un ministre en ait auguré un changement de conviction chez les Pères de la Salette. Cependant, c'est avec le même droit qu'on les accuserait d'être les auteurs et les propagateurs de ces livres et qu'on a eu l'injustice hier de mettre à leur charge la vente de la *Pratique fidèle pour honorer le saint Suaire* et qu'on pourrait demain leur attribuer la *Clef d'or* et autres élucubrations de ce genre.

« Dans tous les cas, c'est un devoir pour les prêtres de veiller sur les livres qui sont entre les mains des fidèles ; et s'ils doivent éloigner d'eux avec raison les écrits blasphématoires et notoirement impies, ce leur est aussi une obligation de réprouver ceux qui ne servent qu'à encourager des pratiques superstitieuses et puériles. »

Si ces blâmes que nous lisons dans les deux *Semaines* s'adressent à *nos petits livres* et s'ils les méritent, ils nous imposent un acte d'*humilité* et de *bon propos*.

Cependant, avant de discuter ces blâmes, nous pensons que les encouragements qu'a daigné nous accorder S. S. Pie IX, que les approbations que nous donnent de saints et savants Evêques, que les louanges que nous adressent d'excellents prêtres et de dignes laïques font surabondamment contre-poids aux censures que publient nos deux anonymes [1].

[1] Nous avons cité dans notre TERRE-SAINTE ET LES ÉGLISES ORIENTALES (numéros 15 à 22 de 1872), quelques-uns des articles que les journaux ont publiés sur nos opuscules : comme l'UNITÉ FRANÇAISE, du 8 août 1872 ; l'ÉCHO DES ALPES du 21 juillet et du 11 août ; le MONDE, du 18 août ; l'UNION SAVOISIENNE, du mois de septembre ; Le ROSIER DE MARIE, du 24 août, etc., etc. Enfin, le *Courrier de l'Isère* qui, après vérification de nos pièces, annonce ainsi nos opuscules dans son n° du 26 octobre 1872 :

Les Secrets de la Salette et leur Complément ont reçu bien des approbations. Ces deux livres ont été agréés par N. S. P. le Pape qui, le 15 juillet dernier, a daigné envoyer sa bénédiction à leur auteur.

Mais ce n'est pas tout : Nous apprenons avec bonheur qu'à Rome et en Espagne nos publications continuent d'être accueillies et sont jugées par d'*éminents* PRÉLATS autrement qu'elles ne le sont en France par certains ecclésiastiques. De plus, Mgr Zola nous dit, dans sa lettre du 4 septembre dernier, ces paroles bien encourageantes : « Quant aux nom-
« breux exemplaires de vos deux livres sur la Salette (LES
« SECRETS et leur COMPLÉMENT) que vous m'avez envoyés, je

IX.

Notons tout de suite que le décret synodal concerne *uniquement*, mais ABSOLUMENT, *les ecclésiastiques dans les ordres sacrés*. Dès lors, pourquoi le Rédacteur de la *Semaine de Grenoble* l'impose-t-il aux laï-

« les ai distribués à de pieux et savants ecclésiastiques, et « même à des Evêques; et tous, sans exception, les ont « approuvés... Cela doit vous fortifier et vous consoler au « milieu des blâmes que vous recevez en France et des persé- « cutions qui vous attendent encore. Pour contenter un ami, « j'ai même dû me défaire des volumes que je me réservais; « je vous prie de m'en envoyer d'autres, car je tiens à les « répandre dans l'Episcopat et le Clergé. »

Elles sont aussi très-nombreuses les lettres de félicitation que nous recevons de Rome, et admettent la nécessité d'une intervention divine pour sauver la société que ruinent de détestables doctrines et qu'ont laissé aller à l'abîme de mauvais conducteurs. Cela empêchera-t-il à certains *zélés* de courir encore chez les libraires pour les prier de ne pas vendre nos *mauvais* livres, et de nous déclarer ennemi de l'Eglise? D'autres sont plus adroits: ils font déchirer nos opuscules en soutenant que la vraie Mélanie est morte, et que nous sommes trompé par une fausse Bergère de la Salette! Ceci est plus excusable, car à Grenoble on a sciemment répandu le bruit de la mort de Mélanie. Aussi des personnes, convaincues de ce qu'on leur avait certifié, soutenaient à Mélanie même, qu'elles ne connaissaient pas, qu'elle était certainement morte et enterrée. Nous pourrions nommer ceux qui propageaient ce mensonge.

Le mot d'ordre a été donné partout de s'opposer à la propagation de nos opuscules; bien plus, des lettres et des circulaires imprimées ont semé partout le mensonge contre nous. Le Gouvernement, qui est loin d'encourager le pèlerinage national et expiatoire de la Salette, parce qu'il y a vu une manifestation politique, a aussi refusé, tant il est soucieux des *bonnes* doctrines, la libre circulation à nos livres. Les petites intelligences se réjouissent de ces manœuvres. Mais les attaques des uns et le silence des autres ne peuvent toujours durer. Des amis nous ont écrit : « Avant de publier votre « troisième volume, il faut qu'on ait le temps de se nourrir « des deux premiers. Ne soyez pas surpris de ce qui se passe. « Quand la presse religieuse aura parlé de vos livres, alors « on se les procurera au lieu de s'en rapporter aux diatribes. » Ce moment est venu. Nous remercions la presse locale et celle de Paris qui, comprenant nos livres, encouragent nos travaux. «Les âmes pieuses, nous a écrit Mgr Baillès (*Comp.* p. 103),

ques? A lui tout seul est-il donc dévolu plus de sagesse qu'aux Pères de ce Concile? Ou bien se croit-il en droit de réformer leurs prescriptions? Saint Paul, déjà de son temps, ne voulait pas que les fidèles fussent gênés par des observances qui ne les regardaient pas.

Lorsque la liberté de la presse n'existait pas; lorsque les gouvernements avaient le monopole de l'imprimerie, et qu'ils se mettaient à la disposition du Pape et des Evêques pour faire respecter les ordres de l'Eglise; enfin, lorsque les Evêques *fidèles*, éclairés par tant de défections survenues dans les pays *réformés*, se tenaient parfaitement unis au Saint-Siége, alors les Souverains-Pontifes ordonnèrent aux laïques de faire approuver leurs ouvrages *religieux* par leur premier Pasteur. Mais quelle différence entre ces siècles et le nôtre? Qu'était la presse alors, et qu'est-elle aujourd'hui? A cette époque, les examinateurs avaient bien le temps de juger les quelques écrits traitant de matières religieuses que composaient de rares laïques et que d'ailleurs ils ne pouvaient publier sans la permission royale [1]. Aujourd'hui que, par la liberté entière qui lui est accordée, la presse a pris un développement inouï et qui croît de jour en jour; aujourd'hui que chacun écrit ou lit, la presse chaque matin et chaque soir inonde la terre de toutes les sottises des uns et de tou-

« s'édifieront dans la lecture de votre bon petit livre, et Notre-« Dame de la Salette, qui a commencé son œuvre, l'accom-« plira... » Ces citations suffiront sans doute pour convaincre nos lecteurs. Ils ne doivent pas s'en rapporter à la malveillance, et ne pas croire qu'on est ennemi du clergé parce qu'on déplore l'état actuel de l'Eglise persécutée ou de la société en décomposition, et parce qu'avec S. Bernard nous dirions au clergé : *Non progredi, regredi est.* Au lieu de combattre nos écrits par des non-sens et des accusations banales, on ferait mieux de signaler nos inexactitudes et nos manquements; alors nous pourrions nous expliquer complétement, plus que nous ne l'avons fait encore, afin de bien convaincre nos contradicteurs *à tout prix.* En attendant qu'ils prennent ce parti, nous les prions de voir s'ils ne devraient pas plutôt se joindre à nous pour prêcher cette croisade.

[1] Cependant Fénelon se plaignait déjà du parti que tiraient les Jansénistes des livres que les bons Evêques n'avaient pu examiner et censurer, à cause de leur nombre et des autres travaux des Ordinaires.

tes les perfidies des autres que la fureur révolutionnaire lance contre la Religion et l'Eglise. Ces mauvais catholiques ne demandent ni l'approbation ni la correction de leurs déplorables diatribes. Aussi cette diffusion incroyable de journaux, de livres et d'opuscules impies, répétée quotidiennement, a causé une consternation dans l'Eglise. Le clergé seul ne pouvait suffire à refouler le flot agresseur, ni l'empêcher de tout envahir. C'est alors qu'appel fut fait aux bons catholiques. Ceci est un fait établi... et il est tout aussi constant que depuis l'intronisation de la Révolution en 89, la règle des Souverains-Pontifes et du Concile de Trente à l'égard des laïques pieux a cessé d'être appliquée. L'Eglise de France comprit la première qu'elle était débordée par le mal, et ses saints Evêques, surtout depuis 1830, ont fait constamment appel à la science et au dévouement des enfants soumis à Dieu et à ses Représentants, pour leur venir en aide contre ce déluge quotidien de calomnies, d'attaques et de publications aussi antichrétiennes qu'antisociales. Nous avons cité des exemples de ces invitations dans notre COMPLÉMENT DES SECRETS DE LA SALETTE (pag. 17 à 25). Depuis lors, d'illustres Prélats ont reconnu que cette nouvelle milice religieuse, qui combattait *volontairement et sans entrave*, mais aussi à ses risques et périls, sans engager en rien la responsabilité des Pasteurs, avait admirablement favorisé le maintien de la Religion et le développement des œuvres catholiques. — Si des rédacteurs de *Semaines religieuses* ignorent ces faits, nous ne savons qu'y faire. Toutefois, nous leur dirons encore que si, depuis notre triste siècle de lumières, cette loi de l'*imprimatur* épiscopal existe en droit, elle a réellement cessé en fait ; qu'aussi nous ne connaissons aucun concile provincial de notre temps qui en ait fait l'application aux laïques ; et qu'ils sont nombreux les livres et les journaux honorés d'un bref laudatif de Pie IX, qui n'ont pas le *visa* de l'Ordinaire, et qui, s'ils l'eussent demandé, ne l'auraient pas obtenu. En effet, a-t-on jamais vu dans le passé et le présent des Evêques jansénistes ou gallicans autoriser la publication des livres de leurs simples ouailles qui combattaient leurs erreurs? Nos saints Evêques ne voulant donc plus cette restriction, nos Conciles synodaux, approuvés par le Saint-Siége, ne l'imposant plus aux laïques, et les Papes louant des ouvrages, bien qu'ils n'aient pas cet *imprimatur*, il paraît certain que la discipline a changé sur ce point, comme sur plusieurs autres.

S. S. Pie IX, dans un bref laudatif accordé à M. de L'Epinois, pour son livre de polémique religieuse et historique qui n'a pas de *visa*, s'exprimait ainsi, le 26 juin 1872: « Plus nous désapprouvons fortement la « méchanceté de ceux qui abusent de la faculté d'écrire « pour répandre dans le public des erreurs coupables, « plus le zèle de ceux qui consacrent leurs travaux « à attaquer ces erreurs et à les réfuter nous est « agréable. »

Certainement cette liberté concédée aux laïques pieux, facilite la publication d'écrits peu sérieux, ridicules même, en faveur de bonnes idées. Mais qu'est-ce cela en comparaison de cette multitude d'ouvrages du premier mérite, depuis ceux des Châteaubriant, des Bonald, des de Maistre .. jusqu'à ceux des Riancey, des Nicolas, des Veuillot, des Mirville, et même de plusieurs femmes, entre autres de Mme de Chaillé? Que sont ces quelques pauvres pages qu'on signale, si on les compare à ces réponses si savantes qui réfutaient les publications de quelques prêtres et Evêques lors du Concile? Nos rédacteurs se plaignent de la *Clef d'or*, de la *Pratique fidèle pour honorer le saint Suaire* et d'autres *petits livres* qu'ils ne nomment pas, mais qui, à leur dire, constituent *un des grands dangers que court la Religion à notre époque.* — Nous ne connaissons pas les quelques pages citées; nous ne savons si elles proviennent de laïques ou de prêtres; en outre, nous ne pouvons nous procurer les *petits livres* dont nos contradicteurs ne donnent pas le titre. Mais comment peuvent-ils pousser l'exagération à ce point? Ils savent bien que si les auteurs sont laïques et si ces opuscules sont sans approbation, ils n'ont aucune autorité: cela va de soi. Que si quelques âmes simples et ignorantes se laissent aller à des pratiques *puériles* et surtout *superstitieuses*, en accordant à ces brochures une certaine confiance, des prêtres vigilants les préviennent, et tout est fini. Nous louons de tout notre cœur la fin de l'article de la *Semaine de Grenoble*. Mais, selon nous, *le grand danger que court la Religion à notre époque* n'est pas où le place notre anonyme. Veut-il que nous lui disions où nous le trouvons? C'est dans ces ecclésiastiques qui font pleurer Marie et qui désolent Pie IX! C'est dans ces livres à doctrine fausse qui proviennent de certains Pasteurs, et que ces Pasteurs n'ont pas réfutés, alors que leurs ouvrages ont égaré bien des âmes et qu'ils peuvent encore en séduire beaucoup! C'est dans ces prêtres et Evêques qui ne sont peut-être pas assez UN avec le Pape, et surtout dans ceux que nous voyons se glorifier de leur apostasie! Oui, c'est là que nous voyons une grande tristesse pour l'Eglise et un grand danger pour les âmes.

Que si l'auteur des *sept alinéas* a voulu, dans son indignation, stigmatiser nos opuscules sur la Salette, nous lui dirons purement et simplement qu'avant leur impression nous les avons soumis à de savants et vertueux ecclésiastiques, soit à Grenoble, soit ailleurs; et qu'après leur publication, ils ont reçu plus d'approbations épiscopales que les publications qu'il a pu faire.

L'anonyme qui a diffamé publiquement dans sa *Semaine* une pauvre religieuse, toujours persécutée et calomniée depuis qu'elle a fait connaître plus ou moins explicitement ce que disaient les *Secrets de la Salette* sur Bonaparte, sur ses courtisans et sur une portion du clergé, n'a pas encore eu la loyauté d'insérer dans son journal, en réponse à son attaque, la lettre de Mélanie, lettre que nous lui avons envoyée par son *propriétaire-gérant*. Certes, nous ne l'y contraindrons pas. Mais les honnêtes gens apprécieront cette conduite. Les laïques, même *sans foi*, se traitent entre eux avec plus d'égards. Nous comprenons que le rédacteur de la *Semaine de Lyon* ait peu de bienveillance pour Mélanie; mais cela ne devrait pas le porter à un déni de justice; au moins devrait-il atténuer la portée de ses accusations.

Que tous les prêtres ne soient pas des saints... c'est trop évident : dans aucun siècle, cela ne s'est vu et moins peut-être dans le nôtre que précédemment. Plus les temps s'avancent, plus la foi diminue ; plus le mal augmente, et nécessairement plus la sainteté disparaît. Nous sommes les témoins de tout cela. Et quand l'Antechrist régnera, ne sera-ce pas à cause de la perte de la foi ? Ainsi il n'est pas surprenant, au contraire, que les *Secrets de la Salette* parlent des prêtres. Dieu a constamment révélé à ses saints ses douleurs par rapport à ses ministres. C'est là son soin spécial et pour ainsi dire ses plaintes quotidiennes, afin que ses Pasteurs soient de plus en plus saints, parce que Lui est la sainteté même : *Estote ergo vos perfecti, sicut et pater vester cœlestis perfectus est* (Matth. v, 48). Un laïque ou un jeune prêtre peut ne pas bien saisir cela, de même qu'il ne saisit pas bien la *Semaine de Grenoble*. Mais voici un Vétéran du sacerdoce (et combien d'autres nous ont fait des lettres semblables), qui va le lui faire entendre. Ce digne curé-doyen nous écrit : « L'excellent journal L'APOSTOLAT, publié à Paris par un missionnaire apostolique, n'ose pas publier les secrets de Mélanie; je déplore indiciblement cette manière de voir, et je vous félicite très-sincèrement de suivre une voie tout opposée. Je ne crains qu'une chose : c'est que vos livres ne reproduisent pas ces secrets dans leur parfaite intégrité. Puissé-je bientôt être détrompé par la lecture, et savoir tout ce que l'auguste Mère de Dieu a dit à notre Bergère, en lui permettant de le divulguer après 1858 ! Plût à Dieu que les peuples soi-disant chrétiens en eussent été plus tôt instruits, et surtout qu'ils en eussent profité ! »

« Mais, dit-on, l'Episcopat, le clergé et les ordres religieux y sont visés, et seraient attristés de cette divulgation. Certes ! je le crois bien, mais l'on ne pourrait que s'en féliciter, si cette confusion nous donnait le droit de répéter après David : « *Bonum mihi, quia humiliasti me*. En tout cas, nous n'aurions que ce que nous avons mérité ; car, c'est à nous, et non pas à Pie IX, de dire: *Peccavimus*. Cette humiliation, si elle avait eu lieu plus tôt, et si elle avait été acceptée avec repentir, nous aurait préservés, et le monde avec nous, d'effroyables calamités cent fois plus terribles. Hélas! depuis longtemps, et même dès avant la Révolution de 89, les saints prêtres et les saints Evêques ont été beaucoup trop rares en France et ailleurs. Les serviteurs du père de famille sommeillaient, et l'homme ennemi en a profité pour semer la zizanie, qui, à l'heure présente, étouffe le bon grain presque entièrement. Vous entrevoyez clairement ma pensée : malgré mon profond respect et mon inaltérable dévouement, je serais sévère, moi aussi, si, comme Mélanie, j'avais reçu la mission de dire ce que je vois depuis cinquante ans. — Je souhaite que vous donniez bientôt au public les autres écrits annoncés. »

X.

La SEMAINE RELIGIEUSE *de Grenoble*, pour continuer à dire que le Pape SEUL connaît les secrets de la Salette, pourrait s'appuyer sur le démenti que se donnent à eux-mêmes MM. Daussé et Maximin. Nous devons donc la renseigner complètement à cet égard. — Par suite d'informations que nous donnons comme très-précises, nous affirmons : 1° que Mélanie transmit, en 1851, à S. S. Pie IX, tout ce qu'elle fut inspirée d'écrire de son secret ; 2° que, sauf quelques suppressions, qu'on y voit, le document remis en 1870 à M. l'abbé Bliard est conforme à celui de 1851 remis à S. S. Pie IX; et 3° qu'en 1860, à Marseille, un des directeurs de Mélanie obtint une révélation *entière* qu'il donna à deux de nos amis. L'un d'eux, ému par cette révélation, se sentit porté à orner les saints-lieux de l'Apparition des statues qui en représentent les diverses scènes. Ce noble bienfaiteur nous a envoyé un exprès pour nous transmettre divers renseignements; puis il nous écrivit de Barcelonne pour nous engager vivement à tout publier : « Je tiens, nous » dit-il, le secret *entier* de Mélanie, depuis 1860, » d'une personne très-sûre... Vous trouverez un abrégé » complet de ce secret dans le 3e volume de la *Suma* » *filosofica*, pag. 267. C'est l'essentiel de ce qui me fut

» confié par le digne ecclésiastique qui se sentit poussé
» à me livrer ce trésor, dont l'importance me fut plus
» tard confirmée par notre ami, M. Nicolas, de Mar-
» seille (auteur de plusieurs ouvrages sur la Salette).
» Les statues monumentales en bronze sur la Sainte
Montagne proviennent de cette révélation. Je crois
» que le secret entier de Mélanie doit être publié. Cette
» publication peut FAIRE UN GRAND BIEN! Songez-y! »
Dans les lettres qu'il avait adressées pour nous, à son exprès, M. le comte de P. disait : «Vous savez, du reste, que
» je connais les sources où M. Girard va puiser, et que
» je ne puis pas absolument ne pas être en tout de son
» avis... Dites-lui que je connais depuis 1860 les dates
» précises qui sont dans le secret de Mélanie...; qu'il
» est temps, grand temps, que tout cela soit connu du
» monde entier...; dites-lui que c'est plus qu'une faute
« que de tenir sous le boisseau cette grande lumière
» du ciel, qui aurait déjà pu empêcher de grands mal-
» heurs... — Je veux que vous lui parliez sérieuse-
» ment de l'urgente nécessité de publier tout ce se-
» cret... On ne croira pas, sauf quelques âmes privilé-
» giées, à l'authenticité de ce document, s'il n'est pas
» publié en entier. Ce secret complet donne l'explica-
» tion (de ce qui reste incompris) de l'Apocalypse... Je
» crois et croirai toujours que le silence sur le secret
» entier de Mélanie, surtout depuis le mois de septem-
» bre 1870, a été un grand malheur pour la France et
» pour l'Europe. »

Sur ces vives instances, nous écrivîmes à la pieuse Bergère pour obtenir le secret en entier, afin de le publier. Mélanie en demanda l'autorisation ; mais il lui fut répondu : « Est-il possible de publier ce qu'il y a de
» plus fort, lorsque déjà on a si mal reçu ce qu'il y a de
» plus doux? »

L'insuccès de notre supplique ne peut être attribué qu'à ceux qui, froissés par la vérité, voudraient l'empêcher de se produire.

Les yeux du corps, quand ils sont maladifs, ne peuvent supporter la lumière du soleil ; il en est de même de notre foi relativement aux révélations divines : elle ne peut en soutenir l'éclat qu'autant qu'elle n'est ni faible ni chancelante. En attendant mieux, nous avons pu constater que, dès 1860, plusieurs personnes ont eu la connaissance complète des confidences de Marie et les ont appréciées.

Rappelons encore que M. Dausse fit prendre connaissance à Mgr de Bruillard du secret de Maximin, et que notre vénéré pasteur nous affirma en avoir pris copie; qu'en outre, M. Dausse, forcé par Maximin de garder un des deux originaux, en a donné des copies à Mgr Ginoulhiac et à M. le chanoine de Taxis; que Mélanie fit deux copies de son secret, dont l'une resta à Mgr de Bruillard; qu'enfin, S. S. Pie IX communiqua ces secrets au cardinal Lambruschini, qui, à son tour, les a confiés, assure-t-on, à quelques-uns de ses amis intimes.—Pourquoi, d'ailleurs, vouloir soutenir maintenant que N. S. P. le Pape connaît SEUL les secrets, lorsque déjà l'autorité diocésaine a avoué elle-même et fait publier que les deux évêques de Grenoble, Mgr de Bruillard et Mgr Ginoulhiac, les connaissaient aussi, bien avant qu'on en eût reçu communication à Marseille?

Les quelques preuves que nous donnons de ce fait doivent suffire pour s'en convaincre.

En 1856, M. l'abbé Rouquette, voulant publier un ouvrage *véridique* sur la Salette, eut recours, pour avoir des renseignements positifs, auprès de Mgr de Bruillard, de son successeur et de ses vicaires généraux.—«*Devenez tous, en retournant dans vos pays, les apôtres de la Salette*, leur avait dit Mgr Ginoulhiac. M. l'abbé Rouquette voulut répondre dignement à cette pieuse invitation. Son livre, imprimé à Toulouse en 1857, fut examiné par M. Rousselot; et, sur son rapport, Mgr Ginoulhiac en accepta la dédicace. M. Rousselot, qui avait communiqué des documents à ce digne abbé, lut, à la page 152, cet alinéa qu'il ne fit point retrancher: « Il est vrai, les enfants ont révélé leur secret au Pape, » nous avons dit à quel propos et de quelle manière. » *Plus récemment encore, ils l'ont dit aux deux évê-* » *ques de Grenoble*; mais qu'on prenne bien garde, » cela n'est point une contradiction: les enfants ont » refusé longtemps de dire leur secret; ils n'ont pas dit » une seule fois qu'ils ne le diraient JAMAIS. Au con-

» traire, quand mille fois on leur demandait : Direz-
» vous un jour votre secret? Ils faisaient toujours une
» réponse qui équivalait à celle-ci : *Je le dirai ou je ne*
» *le dirai pas*; c'est-à-dire : Vous n'en saurez rien. »
M. l'abbé Rouquette donne, sur les documents qu'il a reçus, sur l'examen de son livre, tous les détails désirables.

Le second auteur est M. l'abbé Gobert, qui n'a pas moins d'autorité que le premier; il était, le 19 septembre 1853, sur la sainte Montagne. Son livre a le visa de l'autorité ecclésiastique; il est dédié à Mgr de Bruillard et à Mgr Ginoulhiac. M. l'abbé Gobert, vicaire à Calais, devint aussitôt chanoine honoraire de Grenoble, à cause du mérite de son opuscule et de son dévoûment à la Salette. Ce digne ecclésiastique a composé tout un chapitre pour justifier les enfants d'avoir révélé leurs secrets au Pape et à nos deux évêques (*Un Pèler. à la Salette*, pag. 73 à 84). Nos lecteurs verront avec profit ce chapitre. M. l'abbé Gobert le termine ainsi : « Les
» enfants savent maintenant aussi les droits des évê-
» ques dans leur diocèse. Voilà pourquoi ils ont con-
» senti à donner dernièrement leurs secrets aux deux
» évêques de Grenoble. » On sait ce que pensait Mgr de Bruillard de ces communications exigées par Bonaparte. On connaît les ordres qu'avait donnés le vénérable Pontife de dire partout que les secrets pour Bonaparte ne ressemblaient en rien aux secrets pour le Pape; car, alors, on disait dans Grenoble que les secrets de la Salette étaient absurdes. En 1855, Mgr Ginoulhiac, apprenant que M. Dausse avait le *vrai* secret de Maximin, le lui réclama *officiellement*. Le 5 septembre de la même année, M. Dausse lui en remettait une copie certifiée exacte. — Si la *Semaine* de Grenoble a besoin de plus d'éclaircissements, nous sommes prêts à la contenter.

Nous pouvons aussi invoquer un troisième écrivain dont les ouvrages ont reçu les plus grands éloges, même du Souverain Pontife, tant l'esprit en est pieux et les détails intéressants; certainement les circonstances d'alors l'ont forcé à de petites inexactitudes, mais son autorité n'en est que plus forte sur le fait principal qui nous occupe. M. Similien fait cet aveu dans sa *Nouvelle auréole de Marie* (p. 544) : « Nosseigneurs de Bruillard et Ginoulhiac, en leur qualité d'Ordinaires, voulurent aussi être possesseurs des secrets. Les enfants, mieux éclairés que de prime-abord sur la grande autorité épiscopale, les leur révélèrent *verbalement et sans contrainte* : au premier, la veille de la députation vers Rome ; au second, peu de mois après son intronisation. » Malgré ces *variantes*, le témoignage de M. Similien est écrasant pour le *Propagateur* et les *Semaines* qui proclament que le Pape SEUL connaît les secrets, puisqu'il a une lettre de Mgr de Bruillard qui lui affirme le contraire. Enfin, on nous écrit de divers côtés que le R. P. Sibilat, et M. Mélin, ancien curé de Corps, actuellement chanoine, ont déclaré à des amis, à des dignitaires ecclésiastiques, que les secrets de Mélanie et de Maximin étaient connus de Mgr de Bruillard et d'autres personnes. Ils le prouvaient en révélant ce qui leur en avait été révélé. — Après toutes ces indications et toutes ces preuves, que deviennent les assertions de nos contradicteurs ? Que signifient les démentis et les circulaires de MM. Dausse et Maximin ?

XI.

Quant à la *Semaine de Lyon*, nous croyons que ce n'est pas assez pour elle de la réponse sommaire que nous venons de lui faire, ni de celle que lui a faite l'APOSTOLAT. Nous allons donc la réfuter en détail.

Un de ses rédacteurs ayant cru devoir dénigrer notre pieuse Bergère, celle-ci, autorisée par ses supérieurs, lui adressa, par notre intermédiaire, une réponse catégorique que nous fîmes arriver à destination par M. Josserand. Nous avions chargé notre lettre, afin qu'elle arrivât plus sûrement à celui qui ose se faire, comme jadis Bonaparte et ses courtisans, le persécuteur d'une pauvre religieuse. — Mélanie a aussi envoyé à M. l'abbé Cloquet une copie de cette lettre, et l'APOSTOLAT l'a publiée. Nous la reproduisons avec les adoucissements que la pieuse Bergère y a apportés, aussitôt qu'elle comptait sur une reproduction.

J. M. J. Castellamare, ce 24 septembre 1872.

Monsieur le Rédacteur,

Que Jésus soit aimé de tous les cœurs !

Pardonnez à la pauvre et vile Bergère de la Salette si l'amour de la vérité l'engage à vous écrire à propos de ce qu'elle a lu dans votre *Semaine Catholique* de Lyon.

Je n'ai pas l'honneur de savoir à qui je m'adresse; vous n'avez pas signé votre article; nous ne nous connaissons probablement ni l'un ni l'autre. Cependant, je vous tiens pour un zélé catholique aussi partisan de la vérité qu'ennemi du mensonge et de la calomnie. Dès lors, vous ne devez être *un* qu'avec Pierre infaillible. Par conséquent, n'être attaché à l'autorité subalterne qu'autant que celle-ci s'identifie à l'autorité supérieure, celle du Pape. C'est seulement ainsi que nous sommes libres, que nous ne relevons que de Dieu, et que rien ne peut ni ne doit nous faire écrire, soit à vous, soit à moi, quelque chose de contraire à notre conscience.

Ne craignez pas que je veuille répondre à toutes les idées que vous avez émises sur mon néant. Mais parce qu'il s'agit du bien des âmes et de la grande affaire de Notre-Dame de la Salette, si méconnue, votre charité me permettra de simples observations qui peuvent être utiles à vous et à d'autres.

J'ai reçu des exemplaires, les uns *imprimés*, les autres *manuscrits*, extraits d'une lettre que j'ai écrite à ma mère, probablement en mai dernier. Je ne les crois pas entièrement conformes à ma lettre. Les inexactitudes que j'y trouve, proviennent sans doute de ce que, après une simple lecture, on l'aura refaite de mémoire. Si j'y trouve des changements involontaires, je constate aussi que l'extrait a avec ma lettre bien des conformités. Ces imperfections, seraient-elles plus grandes, ne peuvent justifier vos assertions.

Vous dites, Monsieur, que « Mélanie n'a pas établi, » elle-même, d'aucune manière, qu'elle eût le droit de » prendre un ton si élevé et de parler la langue des » prophètes. »

Oui, c'est vrai, je n'ai rien établi *moi-même* : l'événement de la Salette est une apparition *divine*. Comme tel, il a toujours eu des adversaires s'efforçant de l'ensevelir dans l'oubli, et des opposants pour en fausser le sens. Oui, vraiment, le langage de la Sainte Vierge est céleste, et les secrets qu'elle m'a confiés sont réellement divins ; divins aussi sont ses enseignements, ses prédictions et ses menaces. Tout est divin dans les paroles de Marie comme dans sa personne. Quoique bien indigne, je l'ai vue; j'ai entendu sa voix ; j'ai reçu ses confidences et ses ORDRES.

En est-il resté dans mon pauvre jargon comme un reflet ou un accent, je l'ignore, quoique votre accusation même semble en faire l'aveu. Dans tous les cas, vous auriez dû vous rappeler que, par deux fois, la divine Marie a dit aux petits bergers : « *Eh bien! vous le ferez passer à tout mon peuple!*

Je dois donc m'efforcer d'obéir aux ordres de notre divine Mère, et les publier hautement, c'est-à-dire en me conformant autant que possible à sa volonté.

Vous donnez à entendre que j'écris contre ma conscience, contre la vérité et que je me contredis. D'abord, je pourrais répondre qu'écrire à ma mère, à mes proches, est une affaire tout à fait intime dans laquelle une personne étrangère n'a rien à voir; mais je me contente de répondre par un démenti formel à votre affirmation gratuite : croyez, Monsieur, que je n'écris jamais rien contre ma conscience, rien contre la vérité. C'est le monde qui ne veut plus entendre la vérité.

Il m'est permis, je pense, d'aimer mes parents, surtout leurs âmes, et de souhaiter leur salut. Je voudrais même leur faire éviter les fléaux qui fondront sur la France, si nous ne nous convertissons pas. Que des incroyants s'efforcent de calmer les inquiétudes et d'endormir les esprits, c'est affaire de leur conscience. Mais moi qui espère une meilleure vie dans l'éternité, moi qui ai vu, sans l'avoir mérité, pleurer la reine du Ciel annonçant les fléaux à la terre, moi, ignorante, qui ai été témoin des choses que je ne sais pas assez bien exprimer, j'ai le droit de dire aux miens : « Observez la » loi de Dieu ; respectez et aimez la sainte Eglise ; faites » pénitence : priez et ne cessez de prier. Dieu est ir-

» rité contre le monde, parce que notre foi est presque » éteinte, parce que nous avons abandonné le Seigneur » pour obéir à des hommes. Priez, parce que les mal- » heurs ne tarderont pas d'arriver; priez, dévouez-vous » pour notre pauvre patrie, pour la sainte Eglise, pour » l'auguste et saint Prisonnier du Vatican et aussi pour » de pauvres prêtres. »

Voilà uniquement ce que je dis et répète toujours. C'est cela qui excite votre indignation! Croyez, Monsieur, qu'il eût été plus salutaire de garder le silence.

Je dois, sur l'ordre de la Sainte Vierge, faire passer ses enseignements à tout son peuple. Heureuses les personnes qui les écoutent et les mettent en pratique! Celles qui les méprisent sont à plaindre. Les schismatiques, les hérétiques, les païens, agissent mieux : ils ne parlent point et ne s'inquiètent pas de ce qu'ils ignorent ou ne connaissent qu'imparfaitement. S'il leur arrivait d'en parler, on comprendrait dans leur bouche le langage que vous avez tenu dans votre journal contre la dernière des créatures : « Elle a pu avoir la manie de » prophétiser qui lui serait commune avec plusieurs » autres esprits singuliers ou malades. » Ils seraient excusables, parce que, n'étant pas du peuple privilégié de Marie, ils ignorent qu'il y a dans l'Eglise une autorité compétente pour juger ces choses. Mais, à Lyon, à Grenoble, en France, on sait que je suis ici sous la juridiction de l'Evêque dont j'habite le diocèse et sous la direction de mes confesseurs. Il convenait donc d'en référer à leur jugement, ou, si on croyait l'affaire assez importante, de la soumettre au Pape, notre souverain juge à tous.

Bonaparte a maltraité la Salette; les personnes sages, calmes, en paix avec Dieu et avec elles-mêmes, ne peuvent l'imiter. Du reste, je prie Dieu d'éclairer à ce sujet tous ceux qui sont de bonne foi.

Vous dites encore dans votre *Semaine catholique* : « La mission de Mélanie fut terminée le jour où la » Sainte Vierge apparut sur la montagne de la Salette. » Il me semble, selon ma petite manière de comprendre les choses, qu'avant l'apparition je n'avais aucune mission; que ma mission a commencé après les ordres deux fois réitérés de la douce Vierge, de faire connaître cette apparition à tout son peuple. Je crois encore que ma mission ne se terminera qu'à ma mort, à moins que le Souverain Pontife n'en ordonne différemment. Mais vous, Monsieur, vous tranchez cette question autrement. Bien qu'il faille être et naître avant de mourir, vous faites finir ma mission presque avant d'exister.

Autrefois, d'autres, moins habiles que vous, la prolongeaient pendant cinq ans, et même jusqu'après la promulgation du mandement doctrinal de Mgr de Bruillard, de pieuse mémoire.

Vous, Monsieur, vous êtes plus expéditif, tellement expéditif, que c'est à n'y pas croire. Une âme troublée peut seule soutenir qu'une chose finit quand elle commence, et qu'on sort du monde quand on y entre.

De grâce, Monsieur, édifiez autrement notre pays et vos lecteurs. S'ils ne veulent pas aimer Dieu, laissez-les au moins le craindre. Ne leur enlevez point la frayeur de ses châtiments, qui est le commencement de la sagesse. Sachez bien que le bon sens diminue avec la foi. Notre raison et le monde moral s'illuminent de Dieu; si on supprime Dieu, si on ricane de son intervention en déraisonnant à l'occasion d'une pauvre fille, on détruit le sens commun, on remplace la lumière par les ténèbres, on jette le monde dans le chaos. Combien il serait préférable que la croyance respectueuse en Notre-Dame réconciliatrice de la Salette vive en tous les cœurs!

En vous écrivant cette lettre, Monsieur, je n'ai en aucune manière l'intention de rapiécer ma réputation que vous mettez en lambeaux de nouveau. J'accepte même vos attaques comme une faveur, puisque c'est une lettre à ma mère qui vous a excité contre moi.

Déjà j'ai souvent offert à Dieu mon honneur et ma vie. Volontiers je les lui immolerais mille fois, s'il le fallait. Cependant j'aurais été plus heureuse de voir votre article ailleurs que dans une *Semaine catholique*.

Quoique dans l'erreur à mon égard, vos intentions ont pu être bonnes. Aussi je vous pardonne, et, malgré mon indignité, je prierai Dieu pour vous. Priez aussi pour moi si j'ai été assez heureuse pour vous convaincre d'inexactitude dans vos appréciations.

Agréez l'hommage du profond respect avec lequel je suis, Monsieur le Rédacteur, votre très-humble et très-dévouée servante en J. M. J.,

MARIE DE LA CROIX, *victime de Jésus.*

XII.

L'ignorance et la mauvaise foi s'acharnent tellement aujourd'hui contre la Bergère de la Salette, qu'il devient indispensable, croyons-nous, de faire connaître sa vie, depuis l'âge de raison jusqu'à ce jour. Une vertu qui date de trente-six ans, vertu constamment éprouvée, mais toujours exemplaire, a sans doute de quoi confondre ses calomniateurs et leur imposer un silence absolu. Comment se fait-il donc que la conduite de Mélanie a le privilége de soulever contre elle tant de dénonciations? Notre Bergère n'a pas reculé devant la difficile mission qui lui venait du Ciel. Elle a reproduit fidèlement les révélations qu'elle avait reçues de la Mère de Dieu. Elle nous a avertis; elle a dénoncé les crimes qui couvrent la terre; elle a dévoilé les trahisons qui s'ourdissent contre Dieu, l'Eglise et la France; elle a signalé d'avance les fléaux qui seraient la punition de notre endurcissement dans le mal. En un mot, elle a mis résolument la main sur la plaie..... *Inde iræ.* Oui, voilà la cause et la cause unique de toutes les persécutions dont elle est l'innocente victime. Déjà une sainte âme qui, elle aussi, avait reçu du Ciel la charge d'avertir le monde de ses péchés, a éprouvé pour cela bien des contradictions. Mais Dieu fut son consolateur. On lit, en effet, dans la *Vie d'Anna-Maria Taïgi* du R. P. Calixte (p. 157, 3e édit.), ces lignes remarquables : « Ecoute, ma fille, tu trouveras beaucoup d'âmes fausses et perfides; tu seras tournée en dérision, insultée, méprisée, calomniée; mais tu le supporteras pour mon amour, et je t'assure, Dieu grand comme je suis, que tes persécutions me rendront compte d'une telle conduite, et que je les punirai en ce monde ou en l'autre. Tous ceux, au contraire, qui te traiteront avec charité et te donneront des marques de leur bienveillance, fussent-ils même de grands pécheurs, je les consolerai en cette vie et en l'autre. »

En 1860, s'était réfugié à Marseille, dans le couvent

où Mélanie venait d'arriver, S. G. Mgr Pelagna, évêque de Castellamare ; il en devint bientôt le confesseur. Depuis, étant rentré dans sa ville épiscopale, il y accorda un asile à Mélanie quand elle fut de nouveau exilée de France, et S. S. Pie IX a approuvé la charité de ce digne Prélat. Or, nous connaissons particulièrement les protestations de ce saint Evêque et celles de Mgr Zola en faveur de la pieuse Bergère. (Voir *Compl. des Secrets*, page 147.) Cela embrasse dans la vie de Mélanie une durée d'environ douze ans. Nous avons des renseignements non moins favorables sur les séjours successifs qu'elle a faits à Darlington, à Vienne, à Corenc, à Corps et à la Salette. Et c'est ainsi que nous arrivons à posséder un ensemble de témoignages authentiques et publics, depuis 1847 jusqu'en 1873, lesquels n'ont point été publiés pour les besoins de notre cause : ils sont tellement élogieux, que nous aurions de la peine à les reproduire, si, d'autre part, la calomnie n'avait été poussée jusqu'au dernier excès. Mélanie ne verra dans cette manifestation que des motifs d'humilité et d'abaissement, puisqu'elle a résisté à toutes les offres d'argent qui lui ont été faites pour qu'elle gardât le silence ou qu'elle parlât, à toutes les adulations des pèlerins, à toutes les séductions de l'enfer, à toutes les persécutions des ennemis de la Salette, qui l'ont envoyée, tantôt en Angleterre, tantôt en Grèce, tantôt en Italie..... Nous ne relaterons d'ailleurs, pour n'être pas trop long, qu'une partie des témoignages que nous pourrions produire en sa faveur ; mais nous en dirons assez pour qu'à un dénigrement systématique succède enfin quelque respect.

Jean-Baptiste Pra, dont le curé et le maire de la Salette font un grand éloge, et qu'ils déclarent incapable de mentir, termine ainsi son attestation du 28 septembre 1847 sur sa servante Mélanie : « ..... Dans les premiers jours, je n'ai point ajouté foi au récit des enfants, et j'ai plusieurs fois engagé la petite Mélanie à recevoir l'argent qu'on lui offrait pour qu'elle gardât le silence. Cette enfant a constamment refusé l'argent qu'on lui présentait ; elle a toujours résisté aux menaces comme aux promesses de récompense. Le maire de la Salette, entre autres, a employé vainement toute espèce de moyens pour mettre la petite en contradiction avec elle-même ; il n'a pu y parvenir. Il lui a ensuite offert de l'argent, elle l'a refusé ; et elle a répondu à ses menaces, que *toujours elle répéterait partout ce que la Sainte Vierge lui avait dit.* — Le maire de la Salette l'a interrogée pendant une heure, *le dimanche 20 septembre 1846.* » (*La Vérité sur l'Evèn. de la Salette, par M. Rousselot*, p. 46.)

En 1848, Mgr de Bruillard approuve l'impression du rapport que lui ont remis les deux commissaires (MM. les abbés Rousselot et Orcel) qu'il a délégués, le 19 juillet 1847, pour recueillir les documents et les renseignements concernant le fait de la Salette. Leur rapport contient cette notice : « La jeune bergère *Françoise-Mélanie Mathieu* est aussi née à Corps, le 7 novembre 1831, de parents très-pauvres. Jeune encore, elle fut placée en service pour gagner sa vie en gardant les troupeaux. Elle ne venait que rarement à l'église, parce que ses maîtres l'occupaient les dimanches et les fêtes, commes les autres jours de la semaine. Elle n'avait presque aucune connaissance de la religion, et sa mémoire ingrate ne pouvait retenir deux lignes de catéchisme : aussi n'avait-elle pu être admise à faire sa première communion. (Elle la fit le 7 mai 1848.) Quoique âgée de 16 ans, Mélanie n'est, ni forte, ni grande, ni développée en raison de son âge ; sa figure est douce et agréable. On remarque une grande modestie dans son maintien, dans la pose de sa tête, dans ses regards. Quoique un peu timide, elle n'est ni gênée ni embarrassée avec les étrangers. Les neuf mois qui ont précédé l'apparition de la Salette, elle était au service de *Baptiste Pra*, autre propriétaire des Ablandins, l'un des hameaux de la Salette. Interrogé sur le caractère de Mélanie, ce brave homme l'a dépeinte comme étant d'une timidité excessive, et tellement insouciante, qu'en revenant le soir de la montagne toute trempée de la pluie, elle ne demandait pas même à se changer. Quelquefois, et toujours par suite de son caractère, elle s'endormait dans l'écurie ; d'autres fois, si on ne s'en était aperçu, elle aurait passé la nuit à la belle étoile. Baptiste Pra a encore déposé que Mélanie, avant l'apparition, était paresseuse, désobéissante, boudeuse, au point de ne vouloir pas répondre quelquefois à ceux qui lui adressaient la parole. Mais, depuis l'apparition, elle était devenue active et obéissante : elle faisait mieux sa prière. »

Nous pourrions dire la cause de cette insouciance d'elle-même et des choses de la terre, et la raison de ces nuits que Mélanie, petite enfant, aurait volontiers passées en contemplation, et de cette timidité que son maître appelle *bouderie silencieuse*, mais ce serait peut-être prématuré. Disons seulement que la Sainte Vierge préparait celle dont elle voulait faire son héraut dans l'univers.

Dès le 19 septembre 1847, Mlle des Brulais fait des récits très-touchants sur la vertueuse Mélanie ; ses livres sont pleins de semblables confidences (*Echo de la sainte Montagne*, p. 83) : « Mélanie, dit-elle, est surtout remarquable par sa grande et rare modestie : loin d'être flattée d'attirer l'attention, elle voudrait s'y dérober si le sentiment de sa mission ne l'emportait encore sur sa timidité naturelle. C'est ce que rend bien cette réponse : *J'aimerais mieux n'être pas chargée de le dire, pourvu qu'ils le sachent* ; et encore cette autre qu'elle a faite aujourd'hui à un ecclésiastique qui lui demandait si elle était contente et heureuse que la Sainte Vierge lui eût fait cette révélation : *Oui*, a-t-elle répondu, *mais je serais bien plus aise, si elle ne m'avait pas dit de la dire.* — Et pourquoi donc ? — CELA ME FAIT TROP VOIR.... — J'eus l'occasion d'admirer de nouveau à quel point la Sainte Vierge prend soin de conserver dans le cœur de cette jeune fille la fleur délicate de la modestie. La foule nous eut bientôt entourées dès qu'on eut signalé la *petite fille de la Sainte Vierge* ; mais pour celle-ci, on eût dit, à son maintien, à l'impassibilité de sa physionomie, qu'elle était étrangère à cette affluence. Quelqu'un eut la maladresse de lui dire : *Voyez tout ce monde ! C'est pourtant vous qui êtes l'auteur de tout cela !* Mélanie, sans répondre, haussa les épaules, comme lorsque quelque chose lui paraît absurde...

» Mélanie, dès 1847, comprenait si bien *la gravité des révélations secrètes* qu'elle aurait à publier partout, qu'elle préférait la mort à la vie, et que, comme Jonas, elle aurait fui, effrayée de cette mission. Cependant elle semblait dire aussi à Marie: « Eloignez de » moi ce calice ! Cependant que votre volonté se fasse » et non la mienne. » (*Echo*, p. 145.) Mlle des Brulais demande à Mélanie de lui aider à obtenir une grâce de la Sainte Vierge. Voici leur conversation: « Mais la Sainte Vierge ne *veut pourtant pas* m'en accorder *une* que je demande, moi. — Une grâce pour vous? — Oui. — Et comment savez-vous que la Sainte Vierge ne vous l'accorde pas? — Parce qu'*Elle ne me la donne pas*. — Que savez-vous, ma chère enfant, si elle ne vous la donne pas? — Hé! mais, je *sais*... puisque *je ne meurs pas*. — Vous demandez donc à mourir? Pourquoi demandez-vous cela? — Parce que *je n'aime pas* rester *ici, sur la terre*. — Pour quelle raison n'aimez-vous pas à demeurer sur la terre? — Parce que.... c'est trop *laid*. — Je comprends, ma pauvre enfant; vous voudriez aller revoir *Celle* que vous avez vue si brillante et si belle. — Hé, oui! — Cependant si le Bon Dieu veut que vous le serviez ici-bas, ma chère Mélanie, il faut vouloir y demeurer et demander à la Sainte Vierge de vous faire connaître l'état dans lequel le Bon Dieu veut que vous le serviez. Lui demandez-vous cela quelquefois? — Oui, je le demande. — Eh bien, vous sentez-vous le désir de choisir un état de vie? — Oui. — Que voudriez-vous être? — *Religieuse*, donc. — Dans quel ordre? — Je ne sais pas l'ordre, mais pas pour être ici. — Où voudriez-vous aller? — *Bien loin*, *bien loin* !..... pas en France. — Ah! chez les *sauvages*, peut-être? — Oui. »

A la page 189, l'auteur ajoute: « Mélanie me semble avoir gagné sous bien des rapports; mais surtout elle paraît devenir fort pieuse, et je lui trouve quelque chose de moins *rustique* dans le ton et les manières. Ses traits ont pris de la régularité, sa taille s'est développée; mais c'est toujours une frêle jeune fille qu'on dirait âgée tout au plus de quinze ans et non de *trente*, comme le ferait supposer son portrait. Sans être ce qu'on peut appeler *triste*, elle est sérieuse et même un peu mélancolique: si elle se prête aux jeux de ses compagnes, c'est pour peu de temps, et l'on voit que le jeu n'est pas un besoin pour elle. Quelquefois on la surprend écrivant des lettres à la Sainte Vierge, pour lui demander des grâces qu'elle ne désigne que par des majuscules; mais presque toujours elle termine par une prière pour le salut de la France. »

En 1850, Mélanie quitte l'école de la Providence à cause des ennuis que lui causaient ses parents. Leur pauvreté était exploitée. Enfin, le père consent à ce que sa fille entre à la maison-mère de la Providence, située à Corenc près de Grenoble. Le 26 mars 1851, M. Rousselot demande à Mme la supérieure générale si elle est contente de Mélanie. Voici la réponse que M. Rousselot a livrée à la publicité: « Toujours très-contente; Mélanie est l'édification de toutes ses compagnes et même de la communauté. Elle n'aspire qu'au moment de prendre l'habit. Mais son intention est d'aller dans un pays de mission pour s'y consacrer à l'instruction chrétienne des petites filles païennes. »

L'incident d'Ars a eu lieu... M. l'abbé Bez, avec l'approbation de Mgr de Bruillard, qui a lu son manuscrit, s'est hâté de publier dans son opuscule: LA VÉRITÉ RÉCUPÉRANT SES DROITS (p. 41) cette attestation que lui adresse une autorité diocésaine: « Je me plais à vous le dire, Monsieur, pour la consolation de votre foi, l'autre témoin est irréprochable: Mélanie contente de plus en plus ses maîtresses de Corenc; et sa fixité, sa quiétude, ce qu'il y a en elle de supérieur aux incertitudes des autres, ont suffi pour rendre, comme par enchantement, si j'ose rendre ainsi ma pensée, sa première foi à M. le curé Gerin, que M. le curé d'Ars avait bouleversé. Mélanie, sans cependant s'en douter, est dans une sorte d'oraison de dévoûment éminente et continuelle qui se trahit chaque nuit dans son sommeil. C'est un cœur qui a été blessé, au moment de l'apparition, d'un dard embrasé qui y est resté; et ce fait, à considérer le caractère grossier de cette jeune fille, est à lui seul une preuve de premier ordre qui ne cesse de grandir. »

Le 20 septembre 1851, le digne abbé Gerin, que vénérait le saint curé d'Ars, revenu de Rome, assistait à cet anniversaire. Mlle des Brulais lui demande s'il est vrai que Mélanie paraisse très-avancée dans la piété.....

— Le vénérable curé répond : « Oui, Mademoiselle, elle est *remarquable* ; allez la voir, vous en serez contente. » (*Echo*, p. 255.)

Le mandement doctrinal a paru. C'est alors, croyons-nous, qu'un *mauvais journal* de Grenoble soulève une polémique. M. le chanoine Chambon, actuellement vicaire général, prend la défense de la Salette et montre combien Mélanie mérite confiance et respect.

Le 30 mai 1852, Mgr de Bruillard disait à Mlle des Brulais : « Vous venez de Corenc, Mademoiselle ; comment avez-vous trouvé sœur Marie de la Croix ? — *Bien édifiante, Monseigneur ; elle m'a charmée par son air de modestie et de piété.* — C'est l'impression, reprit le vénérable évêque, qu'elle produit sur tous ceux qui la voient : il est vrai qu'elle est remarquable. Mgr de Moulins, qui est venu dernièrement me visiter, a été très-satisfait de son entretien avec elle. » (*Echo*, p. 323.)

Mgr de Bruillard, heureux de conserver à son diocèse ce pieux témoin de la sainte Apparition, lui avait promis de ne jamais la renvoyer.

Mgr de Dreux-Brézé et le R. P. Martin, le grand théologien de la Compagnie de Jésus, sont *les seuls*, tant ils ont été supérieurs à tous les autres, dont les questions firent impression sur les enfants de la Salette. Malheureusement, on n'a pas publié ces entretiens d'une si haute portée. On sait cependant que les autres interrogateurs ont usé de toute finesse, de toute supercherie, et que quelques-uns ont employé des menaces et des coups, afin de troubler les deux petits Bergers, ignorants au-delà de toute expression avant le 19 septembre 1846, de les surprendre et d'en obtenir le moindre aveu ou une contradiction. Dans sa lettre si remarquable, M. l'abbé Dupanloup, aujourd'hui Evêque d'Orléans, avoue que la dignité de l'enfant était plus grande que la sienne, et il espère que la Sainte Vierge excusera *les instances* qu'il a faites à Maximin.

Malgré tout, quand un pèlerin a dit à Mélanie : « *Cela doit pourtant vous ennuyer, quand on vous fait des questions embarrassantes.* » Mélanie lui a répliqué : « *Monsieur, on ne m'a jamais fait des questions embarrassantes.* »

Le 17 septembre 1853, M. l'abbé Gobert, de Calais, visita Mélanie; il a imprimé ces lignes dans son livre UN PÈLERINAGE A LA SALETTE (p. 55) : « En sortant de cet entretien, je croyais avoir vu une sainte. Elle ne soupçonne pas l'admiration qu'elle inspire, surtout à ceux qui ont le bonheur de l'approcher. Rien dans le monde ne la touche plus. Ses soupirs semblent dire : « O mon » Dieu, quand me délivrerez-vous de cette enveloppe » terrestre pour me réunir à celle que j'ai vue sur la » montagne ! » On lui a entendu dire quelquefois qu'elle désirait mourir « parce que maintenant elle ne trouve » plus rien de beau sur la terre. » J'affirme que Mélanie n'a jamais hésité un seul instant à répondre à mes questions. — Sa réponse part comme l'éclair et brille comme la vérité. »

Le 1er octobre 1853, Mlle des Brulais remonte à Corenc, et nous parle ainsi de Mélanie (*Echo*, pag. 354): « Fidèle à la signification de son nom de religieuse, *sœur Marie de la Croix* continue de témoigner un grand attrait *pour les souffrances* et un vif désir de la mort. Elle m'a paru triste..... Ses supérieurs se louent de sa piété et de sa soumission aux observances de la règle. Toutes les voix de la Communauté lui ont été favorables pour qu'elle prononçât ses vœux pendant la retraite générale qui vient de se faire à Corenc. Cependant elle n'a pas encore le bonheur d'être liée à J.-C. par ce serment solennel. »

Nous sommes arrivé à l'an 1854. Le gouvernement de Bonaparte avait surveillé la Salette ; les paroles de Mélanie sur Napoléon III et sur d'autres, effrayaient ; on s'en scandalisait même, car on ne pouvait y croire alors. Mélanie n'inspirait plus une grande confiance ; on ne pouvait se rendre compte de ses paroles ; on la croyait surexcitée. Sa santé, toujours faible, dépérissait ; elle fut envoyée à Vienne, où le mal ne fit qu'augmenter. On ne comprenait pas cet état moral, et la direction de Mélanie était devenue difficile. Le R. P. Burnoud, supérieur de la Salette, et de saints religieux éclaircirent cette position. M. l'abbé Gérente, aumônier de Corenc, dit au R. P. Martin que Mélanie, favorisée de si grandes grâces, était aussi en butte à des attaques du démon ; le savant religieux répondit : JE SERAIS BIEN ÉTONNÉ S'IL N'EN ÉTAIT PAS AINSI. — En effet, les âmes jetées dans les voies privilégiées de la perfection éprouvent autant les effets de la mystique divine que ceux de la mystique diabolique ; aussi chaque acte extraordinaire qui se produit en elles doit être examiné à fond pour savoir s'il provient du ciel ou de l'enfer, ou bien s'il est humain.

Les exigences de Bonaparte, ou mieux de sa police, firent que Mélanie partit pour l'Angleterre et que M. l'abbé Burnoud cessa d'être supérieur des missionnaires de la Salette. Il est certain que les émissaires du gouvernement, affectant des dehors de piété et faisant les légitimistes, avaient capté la confiance ; ils apprirent qu'en effet Napoléon était démasqué dans les secrets, et qu'après des malheurs inouïs, on devait espérer une Restauration. Cependant, si Mélanie n'avait pas remis le vrai secret à Mgr Ginoulhiac, il est vrai de dire encore que quelques personnes, trop désireuses de voir les secrets favoriser leurs préférences politiques, avaient tâché d'influencer les deux bergers, surtout Maximin, parce qu'on savait que son secret annonçait le retour de l'ordre. Mgr Ginoulhiac parle de ces faits dans son mandement du 4 novembre 1854 (p. 20), quoique Mélanie fût déjà en Angleterre.

« Devenue, dit Mgr de Grenoble, depuis le 19 septembre 1846, de la part d'un grand nombre de personnes, même les plus considérables et les plus distinguées, l'objet d'attentions délicates, de prévenances tendres et respectueuses qui ressemblent à une espèce de culte, si pendant plusieurs années elle (Mélanie) s'en est peu émue, ne serait-il pas étonnant qu'elle ne se fût pas laissé gagner enfin par l'attachement à son propre sens, qui est un des plus grands périls que courent les âmes favorisées de dons extraordinaires ? Cet attachement à son sens et les singularités qui en sont la suite naturelle, fixèrent notre attention dès que nous en fûmes informé ; et, bien que la communauté rendit hommage à sa piété et à son zèle pour l'instruction religieuse des enfants, nous crûmes qu'il était de notre devoir de refuser de l'admettre aux vœux annuels, afin de la former efficacement à la pratique de l'humilité et de la simplicité chrétiennes, qui sont le préservatif nécessaire et le plus sûr contre les illusions de la vie intérieure. »

Les diffamations des abbés Cartellier et Déléon eurent du retentissement jusqu'en Belgique. Le ministre Poinsot, de Charleroy, en profita pour faire des conférences publiques contre l'Apparition, et composer, en 1856, son pamphlet intitulé: *Vérité sur la Salette*.... Ce protestant, ayant été catholique, devait avoir plus de malice. Aussi a-t-il appris aux autres opposants que le meilleur moyen de détruire la Salette était d'annihiler ses deux témoins par les plus noires calomnies. M. l'abbé Doyen a réfuté cet apostat. Il lui dit dans sa réponse, LA SALETTE VENGÉE (p. 197): « Nous savons ce que vaut l'allégation de MM. Cartellier et Déléon, reproduite par vous (pag. 60, 61), d'après laquelle le R. P. Général de la Grande-Chartreuse aurait dit et répété que Mélanie est *obsédée d'un démon*, et qu'avis en ayant été donné à l'autorité ecclésiastique de Grenoble, celle-ci, pour ce motif, n'aurait pas osé admettre la jeune novice aux vœux annuels.

» Je repousse, Monsieur, cette allégation : 1° parce que, dénuée de toute preuve, elle provient de gens qui n'ont jamais fait et su que mentir; 2° parce que l'Evêque de Grenoble nous donne une toute autre raison de sa manière d'agir en cette circonstance, que celle indiquée par les opposants français; Mgr apparemment sait aussi bien que qui que ce soit le motif de la règle de conduite qu'il a suivie; 3° parce qu'en supposant Mélanie obsédée d'un démon, rien ne prouve qu'elle ait prévariqué ni dans son cœur ni dans son esprit; car, qui dit obsession, dit assaut de la part du démon; mais jamais personne n'a soutenu que, par là même qu'on est assailli par des violentes tentations de la part de l'ennemi juré des hommes, on soit prévaricateur. Ne peut-on pas ressentir très-vivement une tentation sans y consentir? Les plus grands saints ne sont-ils pas ceux qui ont subi les plus violents assauts de la part du démon? Dieu ne permet jamais qu'on soit tenté au-delà de ses forces : de fortes tentations ne supposent-elles pas de grandes grâces? C'est donc une maladresse de la part de l'opposition de nous objecter une prétendue obsession qui, si elle était vraie, prouverait la grande piété et la pureté de la foi de sœur Marie de la Croix et ses résistances à l'esprit malin. Cette imputation, dès lors, se tournerait en faveur de l'Apparition.

» Je n'ignore pas que, quand on avance que sœur Marie de la Croix est obsédée d'un démon, on veut faire entendre qu'elle est *possédée* du démon, ce qui est tout différent; car la possession implique que l'âme se trouve au pouvoir du démon, tandis que l'obsession marque simplement que l'âme est assaillie par l'ennemi du genre humain, auquel elle résiste. — Est-ce par une confusion de deux termes aussi simples qu'on espère en imposer aux personnes éclairées? Ou bien n'écrit-on que pour tromper les ignorants?

» Sœur Marie de la Croix, ayant sans cesse sous les yeux les malheurs contenus dans son secret, et laissant son imagination les augmenter sans doute encore, dépérissait à vue d'œil lorsqu'elle fut envoyée par ses supérieures à Vienne auprès d'une sœur de St-Vincent-de-Paul dont elle a l'affection. Au bout de quelques jours, elle se persuade qu'on a voulu l'éloigner de son couvent; elle veut absolument y retourner; elle manifeste son désir par des larmes, des sanglots, qui sont entendus du dehors et diversement interprétés. On va la chercher; elle rentre avec bonheur. Ces détails sont puisés dans une lettre particulière d'un membre du haut clergé de Grenoble, lettre que j'ai sous les yeux. Voilà ce qui est vrai; voilà aussi ce qu'il fallait broder, ce dont il fallait faire un drame. Et comme le Supérieur des missionnaires de la Salette déplait AUX OPPOSANTS, il fallait lui faire jouer un rôle odieux et le représenter comme obsédant la jeune religieuse à Corenc, dans le but de lui arracher son secret, et la poussant, par ses obsessions réitérées, à une exaltation d'esprit telle, qu'elle aurait pris en horreur le couvent; que l'on se serait vu dans l'obligation de l'éloigner de ce lieu, et de la conduire sans bruit au couvent de St-Vincent-de-Paul, à Vienne!

» La santé de sœur Marie de la Croix ayant, comme on vient de le voir, souffert quelque dérangement, ses supérieurs l'envoyèrent, dans le courant de l'année 1854, revoir *sa chère Montagne* et respirer l'air natal. Telle est la cause véritable pour laquelle il lui fut permis de quitter Corenc pour revenir au couvent de Corps. « Mais il est visible, écrit Mlle des Brulais, sous la date » du 6 septembre 1854, après une visite à ce couvent, » que sœur Marie de la Croix souffre moralement d'être » à Corps, à cause de sa famille, qui est pour elle un » sujet d'épreuves souvent renouvelées. »

Le 20 septembre 1854, Mlle des Brulais apprend à son amie, Anglaise d'origine, le départ de Mélanie (Suite de l'*Echo*, p. 79) : « Le nouvel incident de cette journée, dit notre auteur, va bien te surprendre ! Sœur Marie de la Croix quitte la France et s'en va visiter ton pays ! Oui, sous peu de jours, selon toute probabilité, la Bergère de la Salette habitera l'Angleterre..... Pour combien de temps ? Je l'ignore ; mais elle est partie ce matin pour Grenoble, en compagnie de M. Chambon, de M. Gerin, du R. P. Burnoud et de Mgr Newsham. Ce départ a été si imprévu, si précipité, que j'en suis encore toute abasourdie. — Avant hier soir, en gravissant *sa chère Montagne*, certes, la pauvre enfant ne se doutait guère que de longtemps peut-être elle ne recommencerait la sainte ascension ; et ce n'est qu'après la fête qu'elle a connu le projet de son voyage. Au moment où elle allait quitter la Salette, hier soir, le R. P. Burnoud la fit appeler et lui donna connaissance de la lettre de Mgr Ginoulhiac, qui permettait que Mgr Newsham emmenât sœur Marie de la Croix *faire un voyage en Angleterre, pourvu qu'elle y consentît elle-même. Son consentement a été promptement donné* ; et, toutefois, elle eût préféré, m'a-t-elle dit, retourner à sa chère communauté de la Providence de Corenc, ainsi qu'elle l'a demandé *plusieurs fois* à son Evêque, et tout récemment encore, dans une lettre très-soumise et très-suppliante qu'elle m'a communiquée. » — Mélanie, à qui on voulait moins de visites et plus de solitude, se plaignait de vivre à Corps dans des distractions incessantes ; c'est pourquoi elle sollicitait tant son retour à Corenc.

Mélanie est en Angleterre ; elle est placée au couvent des Carmélites de Darlington ; elle y devient bientôt aveugle à la suite de violentes douleurs de tête. La Prieure du couvent écrit au R. P. Burnoud comment la pieuse Bergère recouvre instantanément la vue en prenant la main de sœur Brigitte, qui venait de mourir en odeur de sainteté et en faisant le signe de la croix sur ses yeux. Mélanie était tellement estimée dans son couvent, qu'on ne craignait pas de lui faire trop fréquenter le parloir.

Le 23 octobre 1855, M. le chanoine Smith, secrétaire de Mgr Newsham, vint en France pour emmener le frère et aussi la sœur de Mélanie en Angleterre. Ce digne prêtre, faisant le pèlerinage de la Salette, parla de Mélanie à Mlle des Brulais : « Sa santé, lui dit-il, est passable, mais elle continue d'être très-satisfaite de la part qu'elle s'est choisie au milieu des épouses de Jésus crucifié.— Croyez-vous, lui demande Mlle des Brulais, que le voyage de cette chère petite Sœur ait eu un bon résultat en Angleterre? — Oui, Mademoiselle, c'est mon opinion. Il est certain du moins, que la présence dans mon pays de celle à qui la sainte Vierge s'est révélée, fait penser à l'Apparition, et porte à étudier les preuves de cette grande Merveille... »

Un an plus tard, le 30 octobre 1856, M. l'abbé Doyen écrivait au ministre de Charleroy (*La Sal. veng.*, pag. 200): « Mgr Newsham confia Mélanie aux Carmélites de Darlington. La sublimité de la vie contemplative et crucifiée des épouses de Jésus-Christ fit bientôt une telle impression sur le cœur de sœur Marie de la Croix, qu'elle n'eut plus qu'un désir, celui d'obtenir la grâce de se trouver dans leur rang et de s'immoler avec elles. On a cru devoir céder à l'attrait de la jeune postulante, et, le 23 février 1855, Mgr Hogarth, évêque d'Ushaw, lui a solennellement conféré le saint habit du Carmel, au milieu d'une nombreuse assistance de clergé et de fidèles accourus de près et de loin. Vivant aujourd'hui dans la solitude et le silence, cette sainte fille étudie la langue anglaise avec succès, et donne à la communauté religieuse les plus touchants exemples d'humilité, de piété et de charité.»

La Bergère de la Salette revint en France en 1860. Nous n'ignorons pas les bruits qu'on a fait courir en

Angleterre et qu'on répète à Grenoble et en France, sur cette sortie de Mélanie de son couvent. Nous donnons là-dessus la parole au R. P. Philpin de Rivières, qui a eu des renseignements positifs. Nos lecteurs les plus exigeants adopteront sans doute ses conclusions, qui sont très-bien déduites, autant que très-réservées ; ces questions sont fort délicates.

Mais si notre contradicteur veut en savoir plus sur l'affaire du passe-port délivré par le maire de Corenc, sur les regrets de Mélanie, sur ce qui s'est passé à Marseille, même sur ce qui a été dit au Laus, à un haut Dignitaire de l'Eglise.... nous sommes à ses ordres. Il faut enfin que la vérité se fasse jour, et perce *certains points noirs, fondés ou non.*

Comme on parle encore d'un procès contre le MANDEMENT DOCTRINAL de Mgr de Bruillard, nous sommes heureux de publier cette protestation, qui a été imprimée dès 1855 dans beaucoup d'ouvrages, et notamment dans le *Mémorial catholique* et la *Suite de l'Echo de la Sainte Montagne* (p. 303). Nous la reproduisons pour bien édifier les fidèles de la Guienne.

« Je vous dirai donc, M. l'Abbé, et je vous autorise à déclarer en mon nom :

« 1° Qu'il est faux que j'aie changé de sentiment sur le Fait de la Salette ;

« 2° Qu'il est faux que j'aie regretté ou que je regrette d'avoir publié mon Mandement du 4 novembre (1854). S'il n'était pas fait, je le ferais encore, et je n'en ai pas à retrancher *une seule ligne* ;

« 3° Qu'il est plus faux, s'il est possible, que j'aie demandé au Souverain Pontife de le rétracter...—J'ai déclaré au Pape qu'il résultait de l'examen long et consciencieux auquel je me suis livré relativement au Fait de la Salette, que toutes les suppositions que l'on a faites et que j'aurais pu imaginer moi-même pour expliquer le rapport des *Enfants*, en dehors de l'intervention surnaturelle, étaient sans fondement et sans vraisemblance, et que les preuves du *Fait* réunissaient toutes les conditions pour fonder et maintenir une dévotion dont l'objet est saint et le but est louable. Ce que j'ai dit au Saint-Père, je l'avais écrit auparavant à

Son Éminence l'Archevêque de Lyon, et je l'ai dit après à son Éminence le cardinal de Bordeaux ;

« 4° Qu'il est souverainement faux que le Pape m'ait tenu le langage qu'on lui prête. Il m'a déclaré au contraire qu'il était de mon devoir de maintenir la dévotion de Notre-Dame de la Salette ; qu'il s'en tenait à la lettre qu'il m'avait écrite, et que dans mon Mandement du 4 novembre 1854 je l'ai exactement interprétée.

« 5° Je déclare moi-même, enfin, que je n'ai rien dit, *à qui que ce soit*, qui ait pu donner lieu directement ou indirectement de croire ce qui est supposé dans votre lettre [1]. »

. . . .

Publions maintenant la lettre du R. P. Philpin de Rivières :

ORATOIRE DE LONDRES, 24 OCTOBRE 1872.

Très-cher Monsieur,

Je me suis très-peu occupé dans le temps des bruits qui ont couru en Angleterre au sujet du séjour de la *Bergère de la Salette* au couvent de Darlington ; après des années comme celles qui viennent de s'écouler, les impressions superficielles s'effacent vite.

Ce n'était pas indifférence de ma part, mais au milieu d'un monde de convertis un peu exaltés, de mal convertis un peu protestants, et de non convertis libéraux ou libres penseurs, tous émus pour un moment d'une présence qui semblait fatidique sur le sol ébranlé du vieil anglicanisme, je me trouvai disposé à rester dans mon quant-à-moi.

C'était à qui saurait quelque chose de nouveau ; à qui aurait vu, sinon la jeune religieuse elle-même, du moins, quelqu'un de ses visiteurs ; on ne parlait que de visions, états surnaturels, illusions, etc., etc. Il y en avait pour tous les goûts.

Mais Darlington est au fond du comté de Durham, à 150 milles de Londres. Les portes du noviciat se fer-

[1] Alors que devient l'entretien qui aurait eu lieu au Laus entre S. E. le Cardinal et Mgr de Grenoble ? Et pourquoi en fait-on la cause de certains refus et d'une complète incroyance?

mèrent sur Mélanie ; puis ensuite elle repartit pour la France. Bientôt on n'a plus parlé de rien dans ces lieux ; et les personnes qui croyaient à l'Apparition de la Salette y croient encore.

Maintenant est-il nécessaire, est-il opportun d'évoquer ces souvenirs et de s'enquérir des fondements plus ou moins réels des bruits dont la malignité peut s'emparer? — Parce que deux jeunes enfants ont reçu une faveur spéciale du Ciel, suis-je en droit de les persécuter pendant toute leur vie par mes enquêtes et de me présenter en inquisiteur officieux dans tous les endroits où ils iront se réfugier, furetant jusque dans les cloîtres et les mettant sur la sellette, eux et leurs vénérables hôtes?

Cette question vaut la peine d'être examinée. Dieu ne distribue pas ses faveurs surnaturelles au hasard : il choisit ses instruments, et lorsqu'il marque un individu d'un signe miraculeux aux yeux de l'Eglise, il donne par là-même à celle-ci le droit d'examiner si véritablement le doigt divin s'est manifesté. Et, en effet, l'Eglise se croit en droit de le faire. Mais encore ne le fait-elle pas sans règle et à tout propos ; moins encore confie-t-elle à tout venant cette commission. Elle ne donne certainement à personne le droit de se départir des règles ordinaires de la charité et de la justice envers les exstatiques ou les miraculés.

Il est également certain que les faveurs miraculeuses sont une œuvre de sainteté, ayant la sanctification des âmes pour objet. Comme toutes les autres grâces, elles doivent être payées de reconnaissance. C'est peu d'une vie vertueuse pour les reconnaître; et c'est avec raison que les hommes sentent qu'ils ont droit d'attendre une plus haute édification de ceux que Dieu a mis lui-même sur le chandelier.

Cependant il serait faux de dire que, la sainteté confirmée, l'impeccabilité de toute la vie soit invariablement la pierre de touche et l'unique pierre de touche du surnaturel.

Nous voyons dans l'Ecriture, non-seulement des pécheurs, mais des démons devenir les instruments des manifestations divines; nous voyons le peuple tout entier d'Israël en dépit de ses révoltes idolâtriques, devenir une merveille aux yeux des nations, se nourrir de la manne, et marcher sous la conduite d'une colonne de feu et de nuée : nous voyons Saül prophétiser; l'imposteur Balaam annoncer les grandeurs du peuple choisi, et sa monture elle-même trouver un langage miraculeux. Dans des cas de ce genre, il est inutile de chercher la pureté de vie; c'est même l'iniquité du sujet qui rend sa mission à la fois plus étrange et plus authentique.

L'enquête est également inutile quand ce sont des enfants qui sont les objets ou les instruments choisis des manifestations surnaturelles. La grâce semble se complaire dans ces choix, et les personnes pieuses se demandent naturellement à leur sujet, comme on l'avait fait à l'occasion de saint Jean-Baptiste : « Que pensez-vous que sera un jour cet enfant? »

Cependant peu de ces jeunes privilégiés figurent au nombre des saint[illegible]i la fragilité humaine reprend le dessus, personne [illegible]on sens ne cherche à révoquer en doute, à cause [illegible]ela, la réalité du fait qui avait entouré une tête inno[illegible]te d'une auréole de surnaturel. Par le fait, pour ceux qui ont la foi, le baptême d'un enfant est un prodige dans son genre plus grand qu'une résurrection. Comme tout autre miracle, il nous oblige à la reconnaissance, mais sans nous forcer à la sainteté.

Mais pour un adulte, ne suis-je pas en droit d'exiger davantage ?.. S'il ne s'agit, entre lui et moi, que d'un miracle ou d'une mission passagère, je ne puis lui demander plus [illegible] sainteté que cette grâce où cette mission n'en comporte. Je ne puis l'obliger à m'en produire à toute heure les certificats ; je dois me contenter des témoignages ordinaires de probité commune : je dois les présumer, jusqu'à preuve du contraire. Tant que je n'aurai contre une miraculée que les plaisanteries boulevardières des journalistes libres penseurs, je devrai la croire et la laisser en paix.

Si cependant cette miraculée avait un message, une prophétie ou un enseignement quelconque à me transmettre au nom du Ciel, il est évident que j'aurais droit à d'autres garanties.

Les Balaam ne sont que des exceptions : plus ordinairement, Dieu choisit pour ses ambassadeurs des personnes dignes de notre confiance, et il leur donne les grâces nécessaires pour maintenir leur dignité au-dessus du soupçon, comme le prince donne à ses plénipotentiaires de quoi subvenir aux frais de représentation. S'ils sont infidèles à Dieu, leur chute ne prouverait pas la fausseté de leur mission ; mais elle me permet de restreindre ma confiance. Je ne fais aucun tort à l'homme notoirement perverti, coutumier d'imposture et soutenant ses désordres à force d'expédients honteux, en lui refusant les honneurs dus au vrai prophète, et en le traitant comme l'organe du démon plutôt que de l'Esprit-Saint.

Je ne me hâterai point cependant de juger et de condamner un envoyé de Dieu sur une faute passagère. Un signe de fragilité humaine est souvent un trait de caractère qui, loin d'infirmer son témoignage, le corrobore aux yeux des gens sensés.

Ainsi Jonas reçoit un message pour les habitants de Ninive : son premier acte, après cette faveur, est une résistance formelle ; cependant Dieu ne lui retire point son mandat ; il bénit merveilleusement sa prédication, fruit d'une obéissance tardive. Cette lutte du prophète contre sa vocation nous ôte toute idée d'illusion et d'enthousiasme irréfléchi ; et l'action divine nous semble d'autant plus frappante que nous voyons les efforts de l'homme pour lui échapper.

Les apôtres ont faibli et l'un d'eux a trahi son maître, et cela, après avoir reçu en grande partie les dons miraculeux qui faisaient partie de leur mission : mais leur autorité n'a pas souffert de cette éclipse.

Moïse lui-même, le plus grand des hommes entre Adam et le saint Précurseur, a eu son moment de faiblesse; mais il n'a point souffert, dans sa mission plus que prophétique, de la faute qui l'a exclu de l'entrée de la Terre-Promise.

Dieu ne se doit nullement de faire violence à la nature pour préserver ses messagers de pareilles fautes qui ne font d'ailleurs que mieux ressortir le triomphe de la grâce. Dans ces cas, il met des contre-poids suffisants dans la balance, et la divine Sagesse est toujours sanctifiée dans ses œuvres. A plus forte raison n'est-il pas obligé de préserver ses prophètes des fautes légères qui ne font perdre ni la grâce de Dieu, ni la confiance des gens de bien. Quelques Pharisiens peuvent jeter les hauts crits sur ces inconséquences : mais l'homme sage ne s'en étonne nullement. La permission divine à cet égard entre dans le plan général d'après lequel la foi doit avoir ses ombres. Il y a toujours du mérite à juger doucement les saints et les prophètes mêmes, à retenir son jugement, à laisser aller son cœur et à reconnaître son Seigneur et son Dieu au contact des infirmités des saints, comme Thomas au contact des cicatrices de son Maître.

La merveille de la divine Sagesse, c'est le juste tempérament des lumières brillant à travers les vapeurs épaisses de la vie présente et suffisant aux cœurs purs et droits.

D'après ce qui précède, nous pouvons entrevoir quand et en quelle mesure il peut être permis de pénétrer dans la vie privée et de rechercher la conduite de ceux qui semblent avoir une mission divine.

L'Eglise, l'autorité spirituelle, sûre d'elle-même et de ses motifs, peut le faire avec une très-grande liberté. Elle voit d'un côté la gloire divine intéressée à la connaissance plus approfondie d'une âme déjà réputée sainte et familière avec Dieu ; et de l'autre, les inconvénients des illusions et des impostures si dangereuses dans les régions de la spiritualité : elle procède avec prudence, lenteur et charité, et, par conséquent, avec toute la discrétion possible. Quand elle commence, c'est qu'elle est presque sûre du succès.

Mais le particulier n'a droit à rechercher que ce qui lui est utile pour faire son devoir et s'assurer de la volonté du Seigneur. Il lui suffit d'une probabilité morale pour agir en conscience ; il doit se contenter d'une bonne renommée ordinaire sans aller plus à fond. Il doit se défier de sa propre curiosité autant que de la malignité du monde. Il doit être facile à édifier, tout en suspendant son jugement pour attendre celui de l'Eglise.

Maintenant, faisons l'application de tout ceci au cas des Bergers de la Salette.

S'il n'était question que du fait même de l'Apparition, je dirais que nous n'avons nullement à nous occuper de leur conduite. Supposons que Maximin se fasse mormon et Mélanie danseuse de l'Opéra, je serais affligé de voir ces deux étoiles tombées du Ciel, mais ma confiance en N.-D. de la Salette n'en serait point diminuée, parce que l'authenticité de l'Apparition est liée à la simplicité, à la véracité, à la grossièreté même des deux petits bergers d'il y a vingt-six ans, et encore parce que cette authenticité se rattache à d'autres miracles qui ont suivi et qui en ont été comme une confirmation d'En-Haut. Ainsi que je vous le disais dans un de mes articles sur les Saints-Lieux, si l'apparition primitive est une imposture, la Sainte Vierge et son divin Fils s'en sont rendus les complices.

C'est en vain que l'on dirait que dans les faveurs plus récentes, ils ne récompensent que la simplicité et la bonne foi des pauvre dupes : ce serait bon à dire s'il n'y avait pas d'autre lieu et d'autre occasion pour le faire. Mais que le Seigneur choisisse le théâtre tout récent d'une farce indigne pour y rassembler ses concours de peuples qui nous rappellent les foules qui l'entouraient dans les grands moments de sa vie mortelle, quand les aveugles voyaient, les sourds entendaient, les boîteux marchaient, les lépreux et autres infirmes de tout genre étaient guéris, c'est ce que je ne saurais admettre.

De ces miracles qui se sont accomplis à la Salette, comme confirmation de l'approbation divine, je n'excepte point les grâces intérieures, les consolations et les faveurs spirituelles. Chacune de ces choses, prise isolément, est un secret ; mais, prises en masse comme un fait d'ensemble attesté par des milliers et des milliers d'âmes, les unes consommées dans les voies intérieures, les autres sortant de l'infidélité, les unes simples et grossières, les autres décorées de tous les raffinements de la science et de l'éducation, les unes innocentes, et les autres couvertes de péchés, ces grâces sont à mes yeux le météore miraculeux le plus frappant et le plus extraordinaire.

J'y vois le flot du Saint-Esprit fondant toutes ces

âmes dans la charité et dans un commun renouvellement qui se trahit par la parole de louange et par les signes extérieurs de conversion.

J'ajoute à ce témoignage les approbations plus ou moins explicites de tant de prélats distingués par leur piété, celles du chef du diocèse, celles de l'Evêque des Evêques qui a tout su et tout béni.

Nous n'aurions donc nullement besoin de savoir ce que sont devenus les jeunes Bergers depuis un quart de siècle s'il était certain que leur mission fût finie.

Les secrets ont été graduellement dévoilés, à ce qu'il semble. Plusieurs personnes soutiennent avoir en entier celui de la pieuse Bergère. Mais cela suffit-il pour affirmer qu'ils ont encore une mission prophétique et des messages à nous communiquer de la part de Dieu? C'est possible; mais nous devons laisser aux intéressés les bénéfices du doute. L'Eglise seule aurait le droit de faire une enquête et de trancher d'autorité. Moi, particulier, je ne puis m'établir en grand inquisiteur, encore moins en accusateur public. Je dois me tenir sur la réserve et me contenter des informations certaines qui sont du domaine public.

Je ne m'étonnerais nullement que le monde et le démon se fussent ligués avec leur faiblesse pour tromper, gagner ces jeunes gens ou les discréditer. Cependant je ne vois, dans ce qu'on leur a reproché, que de ces traits de caractère dont nous avons parlé et qui ne prouveraient rien contre la mission certaine qu'ils ont reçue de faire passer les enseignements de la Salette à tout le peuple de Marie.

Je vois Mélanie, après bien des vicissitudes, persévérer dans la vertu et recevoir d'excellents témoignages des autorités religieuses chargées depuis six ans de la conduire. Je n'ai pas besoin d'aller plus loin et de scruter d'un œil pharisaïque tout ce qui se dit et tout ce qui se fait contre elle à Grenoble, à Marseille et ailleurs. Au contraire; en sa faveur j'estropierai mon vieil Horace et je dirai :

... *Ubi plura nitent in* Virgine, *non ego paucis offendar maculis.*

Je préfère aussi voir dans Maximin quelque reste du

sauvageon tapageur et peu malléable dont on a parlé à l'époque du tirage, que de trouver en lui une nature plus souple ou plus capable d'artifice.

Je termine en vous disant qu'il est notoire que les religieuses de Darlington croient à la Sainte Apparition du 19 septembre, et qu'une dame du voisinage, parfaitement informée, a fondé le couvent de Wigton sous le cher vocable de N.-D. de la Salette. Ainsi rien dans Mélanie n'a ébranlé à Darlington la confiance en la Salette et aux enseignements transmis par la Bergère, et qui méritent d'être médités dans les circonstances présentes.

Croyez-moi toujours, cher Monsieur, de cœur dans vos Saintes Montagnes et près de vous,

Philpin de Rivières.

Cette série de témoignages, tous plus intéressants les uns que les autres, quoique pris au hasard, pourrait s'allonger indéfiniment en compulsant les écrits des pèlerins, notamment ceux de l'abbé Bez, de Mgr Villecourt, Evêque de la Rochelle, de Mgr de Birmingham. Nous renvoyons seulement nos lecteurs aux deux lettres de S. G. Mgr Petagna, évêque de Castellamare, et de Mgr Zola, abbé des chanoines réguliers de Latran, que nous avons publiées dans notre *Complément des Secrets*, lettres qui ont été transmises à S. S. Pie IX pour l'éclairer sur les abominables calomnies qu'on avait osé mettre sous ses yeux contre la pieuse Mélanie.

Ces deux seules lettres disent tout ; elles suffisent pour faire changer le dédain en estime et en reconnaissance, à tout ennemi de la Salette ou de Mélanie, s'il veut les comprendre.

Enfin, un nouvel ouvrage paraît sur la Salette, plus exact que beaucoup d'autres, parce que, sobre d'*imagination*, il s'appuie sur des documents certains, s'en tient aux généralités, et reproduit surtout ce que nous avons publié dans nos précédents volumes et notre journal : c'est *Le nouveau Sinaï*. L'auteur, en 1873, parle des témoins de l'Apparition et de leur mission, comme les écrivains antérieurs que nous venons de citer ; s'il fait bon marché de Maximin, s'il montre ce *bon vivant*, même dans ses écarts, et encore aujourd'hui fidèle à la propagation *désintéressée* du grand évènement de la Salette, c'est plein de respect qu'il parle de la pieuse Bergère. Ecoutons-le :

« L'autre témoin, Mélanie, offre un caractère et une vie d'une différence radicale.... Elle s'est constamment présentée sous un voile sombre d'affliction et de tristesse qui en fait véritablement l'ange terrestre de la désolation. On s'attache avec une inquiète sollicitude à cette physionomie d'une austérité inflexible qui ne parle que de larmes et de malheurs ! Malgré la monotone répétition des mêmes sentiments exprimant toujours le deuil, la frayeur et un besoin insatiable de pénitence et d'expiation pour un monde menacé des plus horribles calamités, on lit, sans se lasser, ces longs versets de lamentations douloureuses qui font de l'ancienne Bergère des Alpes le Jérémie de notre époque ! Et comment se sentir le droit de l'accuser d'exagération et de la traiter de folle visionnaire, après ce que nous avons souffert !

» Elle appuie sa parole épouvantée et menaçante, en montrant à vos pieds les ruines morales et matérielles qui jonchent déjà notre sol frappé d'une malédiction, rappelant les châtiments et la destruction des peuples impies et corrompus de l'antique Orient. Ah ! vous n'avez pas peur ! Vous reprenez vos allures légères, vos sarcasmes, vos ironies, votre amour effréné du plaisir et de l'or, votre luxe, vos débauches, votre mépris du ciel et de ses menaces ! Regardez et voyez ce qui a été déjà fait pour vous punir, et songez bien que la récidive de vos crimes, votre obstination à mépriser les avertissements célestes, doivent provoquer de nouvelles et bien plus cruelles vengeances.

» La pauvre religieuse de Castellamare s'indigne contre notre endurcissement, notre aveuglement inexplicable, et comme les conducteurs du troupeau sont toujours responsables des égarements qu'ils ne s'emploient pas avec assez de zèle à empêcher, elle accuse nos pasteurs, dans l'ordre spirituel et dans l'ordre temporel, elle veut exciter leur attention et leur dévouement, en leur signalant, avec une audacieuse ténacité, toute l'étendue de leur responsabilité.... »

Nous avons répondu en général aux assertions de l'anonyme. Il nous sera tout aussi facile de discuter en détail ses alinéas.

XIII.

L'inquisition qu'on exerce à l'encontre des Bergers de la Salette et les bruits fâcheux qu'accréditent des *Semaines religieuses* méritent d'arrêter notre attention. Ces feuilles publient que les deux témoins de l'Apparition n'ont depuis longtemps plus rien à dire et ne méritent aucune confiance, parce qu'ils ont été infidèles à leur mission ou que *leur mission s'est terminée dès le jour de l'Apparition.* — Ces assertions, si elles étaient vraies, couperaient court à certains embarras qu'éprouvent les récents contempteurs de la Salette. Mais cet avantage suffit-il pour permettre de propager de telles allégations?

Les sept alinéas de notre censeur soulèvent bien des questions, celles de *visa* et d'*imprimatur*, de juridiction et de compétence, d'apparitions et de prédictions, de bonne foi et de charité chrétienne, de mission prophétique et d'impeccabilité, d'examen de conscience de Mélanie, de confiance ou non en ses prophéties, de sa manie de prophétiser, de ses contradictions et incohérences, enfin des moyens assurés de discerner le vrai du faux.

Les questions de mystique sont difficiles et délicates; aussi avons-nous eu soin, pour être bien guidés dans ces importantes matières, de soumettre notre travail à de saints et savants religieux; mais comme d'ailleurs notre anonyme traite fort légèrement toutes ces questions, décidant de ce qui est surnaturel par ce qui est purement naturel, nous avons pu le suivre dans la même voie, en lui répondant.

Notre contradicteur attaque et discute la lettre *qui a été imprimée à Lyon* et que nous avons reproduite. Ne voulant se donner, ni la peine de s'assurer si elle était vraiment de Mélanie, ni même demander une copie conforme à l'original, il a été bien plus libre dans ses ap_ préciations et ses suppositions. Nous n'avons pas à faire mieux que lui. Nous y sommes d'autant plus autorisés que Mélanie lui écrit que *si elle trouve* (dans l'imprimé) *des changements involontaires, elle constate aussi qu'il a avec l'original bien des conformités. Mais que les imperfections, fussent-elles plus grandes, ne pourraient justifier ses assertions.*

Nous ne dirons rien des *alinéas* qui supposent la *fausseté* de la lettre imprimée: ils sont insignifiants et sans portée; nous nous attacherons seulement à examiner et à réfuter ceux qui admettent le petit imprimé comme conforme à l'original.

La charité que nous devons accorder aux adversaires de Mélanie, de sa mission, de ses révélations et de l'offrande qu'elle a faite d'elle-même à Dieu pour être sa victime et la victime des pécheurs, nous force à offrir à leur méditation ce passage de l'excellent livre du P. Calixte (page 148) sur *Anna-Maria* : « Notre Vénérable opposa toujours à l'envie le désir de faire du bien à tout le monde, particulièrement à ses détracteurs. Elle pria constamment pour leur salut, et s'humilia même souvent devant eux, bien qu'elle sût que c'était là s'exposer à leur mépris et à leurs railleries. Mais Dieu prenait souvent son parti, et quiconque témoignait pour la pieuse femme la plus légère malveillance, ou seulement concevait d'elle une pensée défavorable, était puni sévèrement par le Seigneur. C'est ce qui est arrivé, nous assure son confesseur, à plusieurs de ses persécuteurs.... C'était la conséquence d'une promesse que lui avait faite son divin Epoux, dès le temps où elle se donna à lui sans réserve..... Anna-Maria priait et faisait aussi ces pénitences pour écarter les châtiments qui leur étaient réservés ici-bas; mais elle n'obtenait rien en pareil cas; Dieu lui disait toujours : « Tu dois, sans doute, prier pour eux, mais moi je me souviens de la promesse que je t'ai faite, et tu dois être bien contente d'obtenir que je ne les punisse qu'en cette vie. » Il n'y eut jamais de miséricorde pour ces malheureux; tout ce qu'elle obtenait, c'était leur salut éternel. C'était déjà beaucoup assurément; mais, en ce monde, les tribulations, la misère, les châtiments de tout genre, les maladies, étaient inévitablement leur partage. » Que ces persécuteurs n'oublient donc plus cette défense du Très-Haut : *Nolite tangere Christos meos, et in prophetis meis nolite malignari.*

XIV.

Passons maintenant en revue les diverses allégations de notre anonyme :

1.—« *En admettant*, dit-il, *que cette lettre soit vraiment écrite par Mélanie, nous affirmons qu'elle ne mérite aucune attention et aucune confiance. La mission de Mélanie fut terminée le jour où la Sainte Vierge apparut sur la Montagne de la Salette.* »

Pour justifier son conseil de *quiétude* et ses préventions contre notre pieuse Bergère, le rédacteur cherche à en noircir la réputation, ensuite il lui refuse toute mission. Dès lors, il ne craint plus d'affirmer que paroles, lettres et révélations de Mélanie ne sont que des mensonges. — Nous avons fait justice des accusations lancées si imprudemment contre ce témoin de la sainte Apparition, en citant des témoignages irrécusables. Mais comment notre contradicteur ose-t-il avancer que la mission des deux Bergers a fini le jour même de l'Apparition, malgré cet ordre, deux fois donné par Marie au moment de sa disparition, *de transmettre son entretien à tout son peuple*? N'est-ce pas leur dénier toute mission et soutenir que Marie ne leur a rien ordonné, ne leur a confié aucun secret, ne les a pas chargés de le communiquer ainsi que son entretien ?

Notre contradicteur émet son opinion sans la justifier ; il ne sait pas que les affirmations comme les siennes ne méritent, pour toute réponse, qu'une simple négation.—Sur ces mots du rédacteur, *nous affirmons*, Mélanie nous écrit le 7 septembre : « Ne voyez-vous pas « clairement que ce contradicteur déraisonne? Quand « j'ai lu dans sa *Semaine*, ces lignes : « *La mission* « *de Mélanie fut terminée le jour où la Sainte* « *Vierge apparut sur la montagne de la Salette*, »

« je me suis dit : Il y a de quoi gémir de compassion. « Il me semble que c'est comme s'il soutenait qu'en- « trer dans ce monde c'est en sortir. Prions pour ces « pauvres gens, puisqu'ils ne comprennent pas que la « mission des Bergers commença le jour même de « l'Apparition, pour finir quand le bon Dieu voudra.»

Notre anonyme supprime non-seulement toute mission actuelle, mais encore toute mission dans le passé, afin d'enlever tout crédit à la Bergère, de soutenir qu'elle n'a cessé depuis lors de fabriquer des révélations, de mentir au public, et qu'ainsi les malheurs dont elle menace la France, la Société et l'Eglise ne sont que des inventions de sa part.

Loin d'affirmer, comme notre contradicteur, que la mission de Mélanie cessa dès son début, nous la croyons, au contraire, toujours existante, et nous soutenons qu'elle a des rapports intimes avec l'entretien céleste. Celui-ci se présente sous divers aspects ; il ne s'est divulgué que par fraction. Dès lors l'entretien mystérieux a été progressivement connu et il n'est pas encore tout publié. Sur ce point, les deux témoins ont constamment fait leurs réserves. En 1846, en 1851, en 1860 et en 1870, l'entretien secret s'est de plus en plus manifesté. Dans ces intervalles, les deux témoins ont ajouté successivement à leurs premières déclarations, des circonstances accessoires qui ont servi à éclairer mieux les fidèles sur l'arrivée des événements. Oui, tout n'est pas connu ; et ce qui le prouve, ce sont les suppressions qu'on remarque dans le document de 1870 et que nous avons publié. Nous croyons d'après cela, et parce que la pieuse Bergère est parfaitement dirigée, qu'elle continue sa mission et accomplit jusqu'au bout les volontés de Marie.

On peut s'assurer facilement que tout concorde dans la conduite actuelle de Mélanie et dans ses actes avec le premier entretien céleste qui lui a révélé sa mission, entretien jugé surnaturel par l'autorité compétente, et admis comme tel par le Souverain Pontife ; d'où il résulte que les révélations subséquentes ne font que corroborer celles qui les ont précédées.

Nous croyons, en sus, que la mission des Bergers a

subi des modifications selon les circonstances de temps et de personnes. Mais le jugement doctrinal, tout en attribuant au clergé et aux fidèles le devoir de propager les enseignements de Marie, ne l'a point enlevé aux hérauts qu'Elle nous a envoyés ; il ne leur a pas enlevé le droit de divulguer ses secrets aux époques qu'elle aurait fixées.

Evidemment Mélanie a été investie par la sainte Vierge du droit et de la mission de porter les hommes à se convertir en leur transmettant les douleurs et les plaintes de notre divine Mère. Or, ce droit et cette mission, qui les lui aurait enlevés? On ne peut avancer, sans preuves, qu'elle s'en soit privée elle-même ou qu'elle les ait perdus par une conduite indigne de la sublimité de sa vocation. Il y a encore des révélations jusqu'ici inconnues. Si quelques personnes se sont récriées contre celles que la pieuse Bergère nous a fait connaître en 1870, c'est bien à tort. En effet, le jugement prononcé par l'Ordinaire, ainsi que son opinion sur la nécessité d'envoyer au Souverain Pontife les secrets dont il avait le double, et ce qui s'est passé lors de la lecture des secrets, ne peuvent que vous induire à préjuger favorablement les secrets encore inconnus du public et sur lesquels les deux Bergers ont fait leurs réserves.

Mais, dira notre contradicteur, c'est une grande licence donnée à Mélanie de pouvoir produire ainsi à son gré certains documents et de les attribuer à Marie. — Le mal ne se suppose pas, lui dirons-nous d'abord, et celui qui le fait sans preuves préalables donne à entendre qu'il n'y a chez lui ni justice ni charité.

Quant au passé de Mélanie et à ceux de ses actes qui ont été soumis à l'appréciation des juges compétents, nous n'avons point assurément à craindre un démenti de sa part, car ce serait ce démenti qui serait faux. Un parjure ne peut infirmer la vérite reconnue et confirmée par l'autorité religieuse, par les miracles et par la confiance du peuple chrétien.

Nous nous garderons bien, on le conçoit, de tenir le même langage au sujet des révélations qui se sont produites ou peuvent se produire après le mandement doctrinal, à moins que celles-ci n'arrivent à obtenir la même sanction que les précédentes. Mais, avant de prononcer à cet égard un jugement, et surtout s'il doit être défavorable, il faut pouvoir le baser sur de solides raisons, vu que le vulgaire, les ignorants, les incrédules, ne manqueraient pas de faire remonter aux faits antérieurs la désapprobation qui atteindrait ces faits postérieurs. On serait donc bien condamnable d'agir en cela avec témérité.

Déjà on ne pourrait soutenir, qu'après le mandement doctrinal, Mélanie n'ait plus eu de révélations à faire, ni décider au cas qu'elle en ait encore à publier, que son devoir soit de se taire et de désobéir aux ordres du Ciel. Mais si, tandis qu'elle manifeste ses révélations, on la condamne en prétendant qu'elle est désormais sans mission, qu'elle ne mérite aucune confiance comme étant folle ou fanatique, ne commet-on pas une criante iniquité, alors surtout que ses paroles portent avec elles les plus hautes garanties de véracité et de sincérité?

Il fallait certainement, sur les premières révélations, une décision de l'autorité religieuse, pour fixer l'opinion des fidèles; il doit en être de même, sans contredit, pour les secondes. Au lieu donc de tant s'efforcer de noircir la réputation d'autrui pour fausser l'opinion publique, notre anonyme n'avait qu'à attendre ou solliciter cette décision de qui de droit. Avant d'agir comme il a fait contre Mélanie, car c'est elle qu'il met en cause, notre contradicteur aurait même dû prendre toutes sortes de précautions, et surtout se bien assurer de ce que pensent de ces dernières révélations le confesseur et l'Evêque qui en sont les juges de droit, et s'informer auprès d'eux de la conduite de Mélanie, de l'esprit qui la fait agir.

Les témoignages de ceux qui ont seuls maintenant autorité sur la Bergère de la Salette, qui la dirigent depuis six ans, et qui l'ont connue dès son arrivée à Marseille, en 1860, ces témoignages, disons-nous, sont excellents; nous avons dû les publier dans notre COMPLÉMENT pour réfuter de hideuses calomnies. En présence de ces attestations et d'autres plus anciennes que nous avons relatées plus haut, toutes plus favorables les unes que les autres, l'écrivain, clerc ou laïque, qui a osé publier les *sept alinéas*, est non-seulement téméraire et imprudent, mais encore souverainement injuste; il agit contre les règles du droit et de la raison, non moins que contre les inspirations de la charité.

2.—Nous pouvons au reste prouver, par des faits et des déclarations faisant autorité, que les heureux témoins de l'Apparition ont encore une mission à remplir auprès de nous.—Elle consiste aujourd'hui bien moins à solliciter notre adhésion au miracle du 19 septembre, puisque l'autorité supérieure a prononcé à cet égard, qu'à propager toujours et partout les plaintes et les menaces de Marie et à porter tout son peuple à se repentir et à se conformer entièrement aux ordres venus du ciel.

Une personne exprimait en 1855 à M. Mélin, curé de Corps, son regret de ne pouvoir plus causer avec les témoins de l'Apparition. Ce digne prêtre lui répondit: « Que vous reviendrait-il maintenant de vos conversa-« tions? Dieu a pris les deux enfants dans leur inno-« cence et s'en est servi: voilà ce qui était nécessaire « de constater. *Mais leur mission, croyez-le, est « terminée* EN CE QUI CONCERNE LE FAIT DE L'APPARI-« TION (Suite de l'*Echo*, page 277). » En effet, le miracle est constaté, les témoins sont loin du diocèse de Grenoble; ils continuent ailleurs ce qui leur reste de la mission qu'ils ont commencée ici. Mais évidemment l'œuvre de la Salette et la *mission de tous les croyants* ne sont point terminées, puisque le 19 septembre 1855, peut-être en raison de cette absence des témoins de l'Apparition, Mgr Ginoulhiac proclamait, ainsi que le R. P. Berlioz, la nécessité pour les pèlerins de prêcher la Salette. Mgr s'exprimait ainsi: « Et comme vous le disait tout-à-l'heure, avec tant de vérité, le zélé missionnaire qui vient de nous faire entendre de si éloquentes paroles, il faut descendre de cette Sainte Montagne avec un cœur d'apôtre!... Oui, pèlerins bien-aimés, il faut que vous soyez *tous missionnaires de Notre-Dame de la Salette*, portant au loin ses Avertissements et propageant autour de vous *cette Dévotion Réparatrice.*

« Faites-vous donc, chrétiens, enfants de Marie *Réconciliatrice*, oh! faites-vous les apôtres de la *Réparation du Blasphème*; les apôtres de la *Sanctification du Dimanche;* les apôtres du respect aux Lois de la sainte Eglise... Allez, pieux pèlerins, devenus missionnaires de la *Miséricorde*, allez annoncer à tous que d'*ici*, que de cette Montagne de salut, va descendre : La paix pour le monde et la gloire pour l'Eglise!!! »

Il paraît évident par ces paroles que la mission des témoins doit être secondée par celle que Mgr de Grenoble concédait à tous les pieux visiteurs du sanctuaire de la Vierge réconciliatrice. Or, cette mission ainsi donnée à tous les fidèles, ne peut nullement être enlevée aux deux hérauts que Marie s'est choisis, pour faire passer ses enseignements à tout son peuple. Ainsi le comprennent les enfants, qui, dans cette persuasion, ont continué à parler de ce qu'ils ont vu et entendu.

Le lendemain même de l'Apparition, Mélanie protestait, malgré les offres de son maître et les menaces du maire de la Salette, *que toujours et partout elle répéterait ce que la Sainte Vierge lui avait dit.* L'abbé Nau, missionnaire apostolique, dont l'ouvrage est approuvé (*La Salette dans ses conséquences*, page 187), publie en 1872 que les deux Bergers ont été fidèles à leur mission et que les vrais chrétiens doivent les seconder et les imiter. Enfin, naguère Mgr l'Evêque de Grenoble faisait redire par Maximin, en sa présence, lors des pèlerinages nationaux, sur les lieux mêmes de l'évènement, les circonstances de l'Apparition et le discours de la Sainte Vierge à la foule des pèlerins, heureux de voir et d'entendre ce témoin du miracle.

3.—A toutes les menaces comme à toutes les promesses qui avaient pour but de les empêcher de parler, les deux enfants, pleins de courage, ont toujours répondu en ces termes :

« Nous ne pouvons nous empêcher de dire ce que « nous avons vu, ce que nous avons entendu, puis-

« qu'on nous a ordonné de le dire. » Ces enfants, ajoutent MM. Rousselot et Orcel, se doutaient-ils qu'ils tenaient le langage des apôtres cités devant le sanhédrin et sommés de se taire? (*Rapp. à Mgr l'Evêque*, p. 92). Ainsi parlent-ils sur ce qu'ils ont mission de divulguer incontinent; mais, pour ce qui doit rester secret, ils ne sont pas moins sûrs d'eux-mêmes qu'habiles à faire leurs réserves et à éluder les questions indiscrètes des curieux. — Il nous est facile de bien constater ce fait:

En effet, le même Rapport et l'Echo *de la Sainte montagne* publient ces témoignages. — Un prêtre dit à Maximin (Echo p. 149): « Hé bien, mon enfant, nous direz-vous votre secret? — *Non, Monsieur, jamais! Je ne dis pas jamais ou un jour. Je ne le dirai pas à présent; voilà.* » Cette réponse faite le 18 septembre 1849, donne à entendre qu'il le livrera au moment *voulu*; ce qu'il fit le 2 juillet 1851.

Questionné par M. l'abbé Auvergne, sur le temps où il dira son secret (*Nouv. Sanct.* p. 52), Maximin répondit: « Quand on me l'aura fait dire, on saura si je devais le dire plus tôt ou plus tard, parce que mon secret, ce sont des choses qui doivent êtres *connues.* »

Mélanie répond ainsi (*Rapport*, p. 53) à cette parole, *viendra bien un moment où tu diras ton secret.* — « Il en viendra un, ou il n'en viendra point. » *L'Echo* (p. 59) relate cette autre réserve: « Vous avez dit, assure-t-on, que vous ne direz jamais votre secret. » — « Je n'ai pas dit que je ne le dirais pas..... peut-être à telles époques je le dirai, oui ou non. »

4. —Il faut noter ici une autre circonstance.—Le contentement qu'éprouvèrent les deux Bergers, après avoir remis leurs secrets pour le Pape, fit croire généralement qu'ils avaient reçu, pour s'y décider, une grâce particulière. Interrogés plusieurs fois sur ce point, les deux Bergers ne répondirent jamais d'une manière explicite. On peut consulter les ouvrages publiés à cette époque.

Mlle des Brulais (*Echo de la sainte Montagne*, page 370) dit à Maximin: « Comment avez-vous pu vous décider à donner votre secret quand, autrefois, vous vous y refusiez en répondant : *la Sainte Vierge m'a défendu de le dire à personne?»* Maximin répliqua : «J'étais ignorant alors ; mais on m'a expliqué *les droits du Pape,* et j'ai compris que ce n'était pas désobéir à la Sainte Vierge que d'obéir au Pape. Puis on a fait des neuvaines, on a prié pour moi, j'ai entendu la sainte Messe, et je me suis trouvé, après cela, tout décidé à donner mon secret, puisque l'Eglise me le commandait. »

Mlle des Brulais insiste : « On pense que, pour avoir donné votre secret au Pape, il faut que la Sainte Vierge vous l'ait commandé. » — « Eh bien, répond Maximin, sait-on si Elle ne nous avait pas dit, peut-être, par exemple: Ce sera quand la Salette sera persécutée. — Ou bien : Ce sera quand on vous commandera de le dire... — Ou encore autre chose.... D'ailleurs, je n'ai pas dit que *je ne dirais jamais mon secret* ; mais j'ai dit: *Jamais ou un jour.»*

Mlle des Brulais (p. 259) fit les mêmes questions à Mélanie : « Je suppose, lui dit-elle, que Mgr de Nantes me demande si vous avez revu la Sainte Vierge avant de vous déterminer à révéler votre secret au Pape, que pourrais-je répondre à Sa Grandeur? — Silence... les yeux baissés.... expression céleste de piété, de modestie, qui me porterait à croire que cette jeune fille a dû revoir la Sainte Vierge. — Madame la première Assistante me vient en aide: Allons, ma bonne amie, donnez à Mademoiselle une réponse qu'elle puisse transmettre à Mgr de Nantes, qui peut-être voudra savoir la vérité. Dites-nous si la Sainte Vierge vous aurait apparu de nouveau pour vous déterminer à révéler votre secret au Pape?—Même silence, même expression que je ne puis rendre..., les yeux modestement baissés.... Je me sens de plus en plus inclinée à supposer que ce silence si expressif équivaut à un *oui.»*

5. — Ce sont les secrets à divulguer et les réserves faites dès le principe qui prolongent la mission de Mélanie, mission que nient si obstinément ceux qui, contents du présent, préfèrent voir la France dévorée par la révolution, plutôt que sauvée par un miracle. Pour ces incroyants, tout ce que Mélanie révèle est

folie ou mensonge. Le point capital est donc cette mission; par conséquent, notre devoir est de la mettre au-dessus de tout doute.—Notre contradicteur, pour mieux en faire accepter la négation, s'appuie sur l'Eglise. Il déclare magistralement qu'ELLE N'A PAS RECONNU DE MISSION A MÉLANIE, *et que, si mission il y a eu, elle a cessé le jour même de l'Apparition.* Or, l'Apparition a eu lieu vers les deux heures de l'après-midi, et Mélanie n'ayant pu parler ce jour-là du miracle qu'à Baptiste Pra qui n'y voulût pas croire, notre Rédacteur prétend que ce seul acte a suffi pour commencer et finir la mission de la Bergère. Il soutient, en outre, qu'*elle n'a pas établi elle-même, d'aucune manière, qu'elle eût le droit de parler la langue des prophètes.* Dans ce cas, elle n'aurait jamais dû rapporter une seule des paroles de la Sainte-Vierge, qui sont toutes prophétiques. La logique veut que notre contradicteur, refusant au témoin de l'Apparition le droit de révéler la moindre partie de l'entretien de Marie, soutienne, contre le bon sens, que les témoins d'un fait divin, intervenu dans l'intérêt général, peuvent être privés du droit d'en parler..., et cela par la raison que l'autorité compétente aurait reconnu que leur témoignage doit être tenu par tous *comme certain et indubitable*..., ce qui serait une contradiction flagrante dans les termes. De plus, les heureux témoins de la merveille devraient être identifiés avec les personnes qui n'auraient rien vu, rien entendu! Est-ce possible? Tout cela n'est-il pas absurde?... Il n'y a qu'à l'énoncer pour en convaincre tout esprit droit.

6. — On prétend qu'il y a eu substitution du clergé aux enfants; mais cette adjonction ou remplacement empêcherait-il que les enfants ne restassent toujours en pleine possession du droit d'obéir à Marie, même depuis le mandement doctrinal? Et de cette raison que le clergé a reçu le droit de publier le message de Marie, s'ensuit-il que la mission des prêtres ne repose pas nécessairement et toujours sur le témoignage antérieur des enfants, et ne pourra jamais en être séparé? Par quel tour de force l'adversaire de la Salette pense-t-il persuader aujourd'hui que le témoignage des enfants

ait perdu toute valeur, parce qu'il a reçu une consécration authentique de l'autorité religieuse?

Ainsi la mission des Bergers n'est annulée ni pour le fait miraculeux ni pour la première partie du message de Marie ; et elle existe encore plus pour la seconde partie qui reste inconnue en partie. Il y a une différence essentielle entre l'apparition de Marie reconnue par l'autorité ecclésiastique et la mission que les enfants ont reçue d'En-Haut. C'est vainement que les contradicteurs s'efforcent de confondre ces deux questions. Le Mandement, loin de les priver du droit d'annoncer au monde l'avenir et les fléaux dont il est menacé, n'a fait que confirmer cette mission. Cependant, avouons-le, si la conversion générale arrivait comme à Ninive, cette mission d'annoncer des malheurs serait heureusement terminée.

On croit avoir tout dit contre Mélanie en lui signifiant que *sa mission est terminée* ; et l'on ne voit pas dans quel labyrinthe on se perd en faisant cette supposition. — Oui, en un sens, la mission est terminée devant les supérieurs ecclésiastiques; sur ce qu'ils ont jugé, il n'y a pas à revenir, et il y a désormais deux raisons de croire, puisque l'affirmation de l'Eglise s'est jointe à l'affirmation des Bergers. Il faut d'abord remarquer que le jugement doctrinal a reconnu implicitement que les témoins du miracle sont fondés à le publier et à faire connaître leur message, selon l'ordre qu'ils en ont reçu de la Sainte-Vierge; ensuite noter que cet ordre : *Eh bien, mes enfants, vous le ferez passer à tout mon peuple,* n'indique aucune limite de temps et de lieu; enfin, comprendre qu'un jugement épiscopal n'est pas un jugement civil sur un point en litige entre diverses parties. Ce jugement, une fois définitif, le débat est clos à jamais entre les seuls contestants. Tout est dit, *au point que la forme emporte même le fond....* Dans les questions religieuses, la décision regarde à la fois le présent et l'avenir, aussi bien les adversaires actuels que les futurs, et même les témoins, puisque la Sainte-Vierge leur a dit : *Vous le ferez passer*, sans laisser supposer que les enfants auront un jour à garder le silence. — Aussi l'Ordinaire, en sa présence, a encore fait témoigner en 1872 Maximin devant la foule recueillie; aussi Mélanie a dit avec raison à la *Semaine de Lyon*: *Ma mission ne se terminera qu'à ma mort*. Ceux qui nient cette mission *actuelle*, ne considèrent pas que leur négation est absolument démentie par les faits. Les prélats, les prêtres comme les simples fidèles dans leur pèlerinage à la Sainte Montagne, avant comme après les *jugements* des Ordinaires, tinrent toujours à grand bonheur de questionner et d'entendre les Bergers. Si le pouvoir a éloigné Mélanie de la Sainte Montagne, en 1854, en 1867, et lorsqu'elle avait obtenu d'y venir pleurer le 19 septembre 1871, c'était dans la crainte d'une influence toujours plus grande. Qu'on annonce encore qu'au mois de juin, par exemple, Mélanie sera sur la Sainte Montagne, aussitôt on verra les foules y accourir au temps indiqué, tant est grande la confiance qu'a le peuple chrétien en la Bergère de la Salette, tant est réelle l'autorité qu'il attache à ses déclarations. Cet attrait, qui pousse toujours les masses à voir et à écouter les deux Bergers, ne dit-il pas que personne, sauf les courtisans de la révolution, ne croit que leur mission soit finie, ne pense qu'il suffise d'entendre les missionnaires? Les pèlerins questionnent les deux témoins, et voyant leur candeur, la sagacité de leurs réponses à mille difficultés proposées, ils touchent, pour ainsi dire, du doigt la vérité de l'Apparition et des secrets que leur a confiés Marie. Or, jamais on ne pourra remplacer ce témoignage qui l'emporte sur celui de tout autre particulier, prêtre ou laïque.

7. Si l'on s'imaginait d'objecter que depuis quelques années on ne paraît pas donner la même importance aux Bergers..., quoique le niant, nous pourrions répondre que ceci ne prouverait pas contre leur témoignage. *Assueta vilescunt*, dit le proverbe; on se familiarise même avec les faits évangéliques, on y fait peu attention aujourd'hui. Ont-ils pour cela perdu quelque chose de leur valeur? De plus, en affaiblissant la croyance à la mission des enfants, c'est la croyance au fait lui-même que d'honnêtes prêtres diminuent. Or, c'est

là une triste besogne que font nos contradicteurs; ils espèrent en vain n'avoir pas besoin de sortir de leur funeste assoupissement.

Concluons sur cette question de la mission des Bergers, en disant : 1° Qu'il fut et sera toujours licite à Mélanie, tant que l'autorité compétente n'aura pas décidé le contraire, de certifier le miracle, de répéter le message céleste déjà connu, et d'obéir à tous les ordres de Marie, par rapport à l'entretien mystérieux. 2° Qu'elle remplit sa mission quand, autant de fois que les devoirs de sa position le permettent, elle rend témoignage de ce qu'elle a vu et entendu.— Elle l'a toujours pu faire, non-seulement sans blesser en rien sa conscience, mais encore avec la pleine assurance qu'elle répondait à la volonté divine. Aujourd'hui elle nous assure que l'heure fixée par la Sainte Vierge est venue où elle doit révéler au monde tout son secret; elle nous assure qu'elle ne parle ni contre sa conscience ni contre la vérité; que si l'on ne veut croire, ni à son témoignage, ni à sa parole, on *peut en référer à son Evêque et à ses confesseurs, ou même à N. S. Père, notre maître à tous.* Que les incrédules ou les contradicteurs n'aient donc plus l'impudeur de la noircir, de la calomnier et de la couvrir de leurs railleries. S'ils doutent, leur voie est toute tracée par Mélanie elle-même; qu'ils s'éclairent auprès de l'autorité, qui seule est investie par l'Eglise du droit de la juger. S'ils refusent, ils nous donneront la preuve la plus flagrante de leur mauvaise foi et de leur injustice.

8.— Notre adversaire reproche à Mélanie de *n'avoir pas constaté en elle le don de mission prophétique, ni établi elle-même, d'aucune manière, le droit de prendre un ton si élevé et de parler la langue des prophètes.*

Pour nous, nous sommes heureux de ce que Mélanie, bien qu'elle ait reçu du ciel un secret prophétique et qu'elle s'en inspire dans ses lettres, ne se pose pas d'elle-même comme prophète, et qu'elle ne prouve pas qu'elle a le droit de prendre un ton sublime. C'est précisément, dit le cardinal Bona, une marque de l'esprit de Dieu, de s'abstenir de se rendre remarquable.

L'éminent auteur ajoute : « S'il est commandé quelque chose dans les révélations reçues, il faut en rendre compte au supérieur, et ne l'accomplir que *par obéissance*, en suite de son commandement. » Tel est encore l'enseignement de sainte Thérèse (*Dis. des Espr.*, ch. xx).

Si Mélanie a publié son secret, si elle en a parlé à quelques personnes, si elle a écrit à la *Semaine de Lyon*... ce n'a été qu'après y avoir été autorisée par ses supérieurs. D'ailleurs elle n'a nul besoin de se poser en prophète ni de faire valoir par elle-même ses titres à la confiance des fidèles. Est-ce que la mission des prophètes a jamais eu besoin de ces préliminaires? N'est-ce pas à l'autorité compétente à le décider? Grâce à Dieu, Mélanie n'a pas violé à ce point toutes les règles et les simples convenances ; car alors nous aurions pu suspecter son intelligence des choses divines.

L'autorisation donnée à Mélanie de communiquer son secret, étant privée, n'engage que dans une limite assez restreinte la responsabilité de ses supérieurs. Mais, quoiqu'il n'y ait pas eu de jugement doctrinal, cette approbation tacite doit nous imposer une grande réserve et obtenir de prime abord notre respect. D'ailleurs, le Saint Père connaît depuis 1851 le secret remis à l'abbé Bliard ; il en a parlé à plusieurs cardinaux (1). — M. l'abbé Barthe, chanoine de Rodez, affirme que Pie IX lui a déclaré qu'il lui avait été utile d'en savoir le contenu dans les circonstances douloureuses que l'Eglise traverse ; enfin, Notre-Saint Père a su ce qu'étaient nos deux premiers opuscules, avant de nous envoyer sa bénédiction écrite ; cela nous suffit. Nous ne craignons plus de dire à ceux qui accumulent reproches sur reproches pour en écraser Mélanie, qu'ils ne

(1) Le Cardinal Lambruschini l'a déclaré à M. Rousselot, et *Le Nouveau Sinaï* (p. 296) affirme que le lendemain de la remise des Secrets, Pie IX les communiqua au Cardinal Ferretti, et que celui-ci parla à Mgr de Ségur des malheurs qui y étaient annoncés. C'est un nouveau témoignage contre cette assertion de la *Semaine* de Grenoble, qu'en 1872 le Pape seul connaît les secrets !

sont pas recevables dans leurs accusations ; qu'ils montrent peu de bonne foi, et que l'église ne leur reconnaît aucune compétence dans cette grande affaire. N'est-il pas hors de doute que Mélanie a reçu un ordre et un secret; que l'autorité religieuse a prononcé sur l'Apparition et sur ces faits ; que Mélanie continue sa mission en obéissant à ses supérieurs...? — Que veut donc dire notre adversaire, s'il ne nie pas les mandements des Ordinaires, quand il affirme que l'Eglise *n'a jamais constaté en Mélanie le don de prophétie*?

9. — Les reproches que font à notre Bergère les contradicteurs de la Salette, sont d'abord le manque de mission, ensuite les vices qu'ils lui imputent. Ils disent *que, surtout dans ces derniers temps, elle a pu avoir la manie de prophétiser qui lui serait commune avec plusieurs autres esprits singuliers ou malades.*

Pour parvenir à discréditer les dernières révélations de Mélanie, que de calomnies n'a-t-on pas répandues? on lui a supposé une abominable dépravation. On a osé la dénoncer au Souverain-Pontife... Mais c'est là ordinairement le caractère que portent les œuvres de Dieu, et il entrait sans doute dans les desseins providentiels que le fait de la Salette fût attaqué de toutes les manières.

Mélanie est pour notre contradicteur bien loin d'être parfaite, et l'on peut bien croire que s'il la réprouve sur cette terre, ce n'est pas pour se disposer à la canoniser dans l'autre monde. Mais d'abord notre érudit aurait bien dû savoir que les faveurs extraordinaires, comme les apparitions, les révélations, ne rendent pas impeccables ceux qui en sont gratifiés. Admettons qu'avant et après le miracle, les témoins aient laissé quelque chose ou même beaucoup de choses à désirer : cela pourra à la vérité amoindrir dans certaines âmes la croyance au fait, quoique cela ne prouve rien contre la véracité de ces témoins ; d'autant plus que, malgré tous les reproches vrais ou imaginaires qu'on fait à leur conduite, les motifs de crédibilité restent nombreux, évidents et irrécusables. Les dérèglements de Salomon dans sa vieillesse ne prouvent pas contre l'inspiration divine de ses livres insérés dans la Bible. Pierre qui vit N.-S. transfiguré sur le Thabor, ne le renia pas moins. Mais si les plus grands saints eux-mêmes ne sont pas sans quelques imperfections de leur vivant, exigerons-nous que les simples fidèles ne soient atteints par aucune faiblesse de la nature humaine ? D'ailleurs le cas peut se rencontrer où celui qui a l'esprit de révélation n'a aucun esprit de sainteté. L'Evangile le dit aussi clairement que les docteurs (Math., c. VII-22. — Théol. myst., II vol., c. XVI). Enfin, Jonas, malgré sa désobéissance, ne perdit pas le droit de prophétiser, et la grâce qui s'attacha à ses paroles fut si abondante, que tous les habitants de Ninive, depuis le premier jusqu'au dernier, se convertirent.

Ensuite, les âmes les plus privilégiées ne sont-elles pas en butte aux attaques les plus violentes du démon, et ce malin esprit ne met-il pas tout en œuvre pour les décourager ou les jeter dans de funestes illusions, soit même pour dérober aux directeurs de ces âmes la connaissance des voies spéciales par lesquelles il a plu à Dieu de les conduire? Et de ce que leur manière d'agir nous aura déplu, ou que le démon [1] sera parvenu à

[1] Pour ce qui est de l'évènement de Lourdes, le démon, agissant directement ou par la police, le procureur et le préfet de Bonaparte, avait essayé aussi d'y mettre son action. Il paraît que quelques personnes d'une haute piété jouiren deux ou trois fois de la même vision que Bernadette. « Et « aussi des enfants, dit M. Lasserre (*N.-D. de Lourdes*, « p. 200), eurent des visions, mais d'un tout autre ordre, d'un « ordre effrayant. Quand le Surnaturel divin apparaît, le « Surnaturel diabolique tâche de s'y mêler. L'histoire des Pè- « res du désert et des mystiques donne presque à chaque « page la preuve de cette vérité. L'abîme était troublé, et le « mauvais ange avait recours à ses prestiges pour jeter le « trouble dans l'âme des croyants. »

Remarquons qu'on trouve toujours, dans ces cas extraordinaires d'intervention divine, une opposition complète entre les actes du pouvoir civil, lorsque le gouvernement est impie, et ceux de l'Église..., le diable et les révolutionnaires s'entendant pour faire disparaître le divin et le supplanter. Cela a eu ieu dans l'affaire de Rose Tamisier, et encore plus pour les pparitions de la Salette et de Lourdes. Mais en vain la resse, la *science* et l'autorité se sont liguées; jamais le mensonge n'a pu anéantir la vérité.

Deux autres faits sont encore à remarquer : le premier,

voiler l'éclat de leurs communications avec le ciel, serons-nous autorisés à dire et à publier qu'il n'y a

c'est la croyance enthousiaste du peuple à l'encontre de l'excessive réserve du Clergé. Le livre de M. Lasserre qui fait actuellement autorité s'en explique ainsi :

« Les sœurs, que leurs fonctions de charité et d'enseignement, peut-être aussi les recommandations de M. le Curé de Lourdes, retenaient à l'Hôpital ou à l'Ecole, n'avaient jamais vu les extases de Bernadette et n'ajoutaient pas foi aux apparitions. En ces matières, d'ailleurs, si le peuple se montre parfois trop crédule, il se trouve que, par un phénomène qui surprend d'abord, mais qui est incontestable, les Ecclésiastiques, les Religieux et les Religieuses sont très-sceptiques et très-rebelles à croire, et que, tout en admettant théoriquement la possibilité de telles manifestations divines, ils exigent, avec une sévérité souvent excessive, qu'elles soient dix fois prouvées. Les Sœurs joignirent leur défense formelle à celle des parents, disant à Bernadette que toutes ses visions n'avaient rien de réel, qu'elle avait le cerveau dérangé ou qu'elle mentait. L'une d'elles, soupçonnant une imposture en une chose si grave et si sacrée, se montrait même assez dure, traitant toutes ces choses de fourberie. — Méchante enfant, lui disait-elle, tu fais là un indigne Carnaval dans le saint temps du Carême.

« D'autres personnes qui la voyaient aux récréations l'accusaient de vouloir se faire passer pour une Sainte et de se livrer à un jeu sacrilége. La moquerie de quelques enfants de l'Ecole s'ajoutait aux reproches amers et aux humiliations dont elle était abreuvée.

« Dieu voulait éprouver Bernadette. L'ayant, les jours précédents, inondée de consolations, il entendait, en sa sagesse, la laisser pour un certain temps dans le délaissement absolu, en butte aux railleries et aux injures, et la mettre aux prises, seule et abandonnée, avec l'hostilité de tous ceux dont elle était entourée. »

Le second fait concerne les épreuves et les dangers semblables que courent les personnes privilégiées de faveurs célestes. M. Lasserre dit de Bernadette ce que nous avons publié sur les Bergers de la Salette :

« ... Cette âme d'enfant, dit-il, jusque-là si paisible et si solitaire, se trouvait tout à coup au centre des foules innombrables et des agitations infinies. Elle allait être en butte aux contradictions des uns, aux menaces des autres, aux railleries de plusieurs, et, ce qui était bien plus dangereux pour elle, à l'enthousiaste vénération d'un grand nombre. Les jours approchaient où des multitudes l'acclameraient et se disputeraient comme des reliques saintes les lambeaux de ses vêtements, où des personnages éminents et illustres (*même un Evêque*) se prosterneraient devant elle et lui demanderaient de les bénir, où un temple magnifique s'élèverait et où des peuples entiers s'ébranleraient en pèlerinages et en processions incessantes plus dans ces personnes que divagation de l'esprit et corruption du cœur, et que le fait tenu jusqu'à présent pour divin, n'est en réalité qu'une tromperie du démon ou un fait purement humain? Mais d'abord nous devons bien nous demander si nous avons mission pour juger de tels prodiges. Or il nous semble que c'est là l'affaire du confesseur, puis de l'*Ordinaire*, sauf recours au Pape. Oui, c'est à eux de s'assurer de la source de ces faits et de décider s'ils sont divins, diaboliques ou humains, et d'agir en conséquence. Il faut absolument que les guides spirituels comprennent parfaitement la mission des âmes dont nous parlons, pour en faciliter au besoin l'accomplissement, au lieu de l'entraver. — Notre adversaire ne s'est point donné la peine de faire toutes ces réflexions. Mais s'ingérant de lui-même dans une cause qui ne le regardait nullement, il s'est permis de dénigrer et de condamner publiquement une personne sur laquelle il n'avait pas juridiction. C'est une vraie forfaiture. Nous comprenons dès lors que son jugement sur Mélanie soit le contre-pied de celui de Mgr Zola et de Mgr Petagna, qui sont seuls compétents actuellement et ont grâces pour discerner la vérité et la constater.

10. — Si l'ordre doit régner dans la société civile, ne doit-il pas, à plus forte raison, gouverner la société religieuse?

Quelle confusion ne verrait-on pas dans l'église, si un Curé, un Evêque, usurpant les droits d'autres dignitaires, se permettaient de donner des ordres partout, ou de prononcer des jugements contre des personnes qui ne sont pas sous leur autorité? Mélanie, à dater de son

sur la foi de sa parole. Et c'est ainsi que cette pauvre fille du peuple était sur le point de traverser l'épreuve la plus terrible qui pût assaillir son humilité, épreuve où elle pouvait perdre à jamais sa simplicité et sa candeur, toutes ces vertus modestes et douces qui avaient germé et fleuri au sein de la solitude. Les grâces mêmes qu'elle recevait devenaient ainsi pour elle un danger redoutable, un danger auquel plus d'une fois ont succombé des âmes d'élite honorées des faveurs du ciel. Saint Paul lui-même, après ses Visions, était tenté d'orgueil et avait besoin que le Mauvais Ange de la chair le souffletât pour l'empêcher de s'exalter en son cœur.....»

départ de Grenoble, ne dépendit plus de ce diocèse. Jamais elle ne fut sous la direction de l'Archevêché de Lyon, et maintenant elle est, avec l'approbation de Pie IX, sous la direction de Mgr de Castellamare. On se rappelle quel étonnement produisit une circulaire émanant de l'Evêché de Gap, relative au fait de la Salette. Certainement l'Ordinaire a le droit de défendre et de désapprouver une publication faite dans son diocèse; mais quel droit peut avoir à cet égard notre anonyme? De plus, l'imprimé n'est pas conforme à l'autographe, et la publication de cette lettre n'a jamais été autorisée par Mélanie... Et malgré cela, ce sera elle qui sera prise à partie par son ennemi; et c'est contre elle qu'il lancera ses plus graves accusations. Cependant Mélanie avait le droit d'écrire à sa mère; celle-ci peut, sans reproches, communiquer les lettres de sa fille aux pieux pèlerins qui lui demandent cette faveur; et ces derniers font bien de transmettre à leurs amis et au public ce qu'ils croient utile au bien des âmes. Notre adversaire étant d'une radicale incompétence pour juger, privé même des éléments nécessaires pour asseoir un jugement sérieux, et sans doute aussi de ces lumières divines qui mettent à l'abri de l'erreur, devait tout d'abord ne point rendre responsable de cette publication, si elle lui déplaisait, la Bergère de la Salette, ni la condamner sans l'entendre. Il devait de plus en référer à l'Ordinaire pour s'éclairer sur les vertus ou les vices de Mélanie. — Si tels sont les vrais principes, notre anonyme a donc agi en révolutionnaire; il a usurpé des droits d'Evêque. Mais dans ce temps où l'on persécute le Souverain Pontife, où des Gallicans se croient au-dessus du Pape, où l'on traitait de révoltés des prêtres qui professent hautement les salutaires doctrines du Saint-Siége, à l'encontre de condamnables opinions, est-il surprenant qu'un simple laïque ou lévite s'arroge des droits épiscopaux? Cependant c'est cette témérité de bouleverser l'ordre et de mettre le supérieur au-dessous de l'inférieur qui a jeté notre Orient et le Nord de l'Europe dans les ténèbres de l'hérésie. Et l'on soutiendra que Marie n'avait pas de motif pour pleurer? Et l'on nous dira qu'un schisme n'est pas à craindre, lorsque l'apostasie de notre société européenne est universelle, et que la révolution n'adopte cette maxime des catholiques libéraux : l'*Eglise libre dans l'Etat libre*, que pour asservir et détruire l'Eglise?... — Mais passons à une autre assertion de l'anonyme.

11. — On nous assure, dit-il, que *beaucoup de personnes se préoccupent des prédictions* (contenues dans ce petit écrit; mais), *ni les personnes pieuses n'ont lieu de s'en effrayer, ni les journaux anti-religieux n'ont le droit de sourire en lisant cet imprimé.*

Ainsi donc, d'après notre censeur, il n'y a lieu, ni de s'en préoccuper, ni de s'effrayer, ni même de sourire à l'annonce faite de grands malheurs. La terre est inondée d'un déluge d'iniquités; on ne voit partout que sujets d'inquiétudes et de désolation, que misères physiques et morales, et l'on ne devrait faire aucune attention aux révélations de Mélanie, ou DE TOUT AUTRE qui annoncerait que Dieu, irrité, va punir la terre par de nouveaux malheurs? Mais sur quoi peut-on baser cette incroyable assurance, cette parfaite quiétude? Mélanie n'a-t-elle pas révélé des choses très-vraies, parfaitement conformes à la doctrine des saints, qu'elle ne pouvait connaître par elle-même? Ne les a-t-elle pas dites au nom de la Sainte Vierge? Ses prédictions sur nos maux ne se sont-elles pas déjà réalisées en grande partie...? Nous hâtons l'impression d'un livre sur cette seule question : *le Secret de Mélanie justifié contre l'incrédulité du siècle*, et nous montrons l'exactitude de ces paroles de Mgr Zola : *Que les vérités contenues dans ce secret sont conformes à la Sainte Ecriture et aux documents qu'offre l'histoire ecclésiastique, et que l'Eglise avoue et ne cesse de rappeler*. (*Complément*, p. 105).

Au reste, Mélanie n'a pas été seule à avoir de semblables révélations sur les temps à venir. Notre-Seigneur a dit à Marie Lataste (T. II, p. 382), « qu'il faut et qu'il faudra encore qu'il arme contre la France ses mains de la verge de sa justice... qu'il sera donné à la France de voir les jugements de sa justice irritée. » Et notre contradicteur, sans preuves, ou plutôt contre toute preuve, affirme *qu'il n'y a pas lieu de s'effrayer!!!*

St Vincent-de-Paul dit que les âmes pieuses devraient pleurer les iniquités de la terre avec des larmes de sang. Et, malgré les calamités qui nous accablent à cause de nos péchés, notre censeur est d'avis qu'on doit bien se garder de tirer le monde de son mortel assoupissement? Qu'il écoute donc ce Prélat qui a énergiquement défendu le pouvoir *temporel* du Pape. Dès 1866, il faisait justice de cet aveuglement. Que ne pourrait-il pas dire en 1873 : «Dieu nous avertit, dit-il, et on ne comprend pas! Les pestes sur les animaux et sur les hommes, les guerres et les tremblements de terre, les inondations se succèdent, et on ne comprend pas! Les doctrines les plus perverses sont proclamées, les principes vacillent comme des astres égarés sur nos têtes, et on ne comprend pas! On comprendra un jour, mais trop tard; car, bon gré mal gré, il faut que la grande loi providentielle du monde s'accomplisse; et, pour les sociétés et pour les individus, la justice suit toujours, d'un pas lent quelquefois, mais sûr, l'iniquité.... La loi, la grande loi de justice est certaine, et nul n'y échappe: tôt ou tard le mal appelle le malheur. *Justitia elevat gentes, miseros autem facit peccatum*: la justice élève les peuples, mais le péché les rend malheureux.

«L'histoire le proclame aussi haut que le texte sacré. Qu'on se révolte tant qu'on voudra, qu'on entasse sophisme sur sophisme, on ne chassera pas la Providence du monde, ni la justice de Dieu de l'histoire (les Payens eux-mêmes avaient cette croyance). Et l'histoire n'aura pas assez d'exécration pour ceux qui auront amené et consommé les attentats dont nous sommes témoins. On saura ce qu'il en coûte à un siècle pour avoir porté la main sur le Christ du Seigneur et ce qui tombe autour de cette *Colonne* ébranlée de l'ordre, de la justice, de la société. Oui, on m'appellera, si l'on veut, un prophète de malheur, peu m'importe! mais ce qui se prépare en Europe est effroyable; je ne le verrai peut-être pas, mais je l'annonce....»—Si les catholiques, si les hommes d'ordre, quels qu'ils soient, si tous les hommes qui peuvent, qui ont une intelligence et un cœur, *se laissent aveugler et endormir*, si on ne comprend pas qu'il y a aujourd'hui un grand accord à faire entre tous les honnêtes gens pour le bien public, tout est perdu.—Pie IX partage aussi ces craintes; aux discours que nous avons déjà relatés, nous pouvons ajouter ces paroles que S. S. adressait dernièrement aux Missionnaires du Sacré-Cœur d'Issoudun: « Le triomphe de l'Eglise est certain, mais il nous faudra encore passer par le sang: *Sine effusione sanguinis non fit remissio* ; Sans effusion de sang il n'y aura pas de pardon. » Il y a donc lieu de s'effrayer, et beaucoup: dire le contraire ou seulement l'insinuer, c'est enlever aux bonnes âmes le stimulant qui les fait prier et se livrer aux bonnes œuvres; c'est enlever aussi aux pécheurs cette crainte si juste et si salutaire qui doit les porter à changer de vie et à revenir à Dieu: *Multa flagella peccatoris* : Dieu réserve de nombreux fléaux aux pécheurs en ce monde et en l'autre. C'est l'enseignement donné aux jeunes enfants dans le Catéchisme, et dès l'âge le plus tendre les mères chrétiennes le leur inculquent. Si nous lisions seulement quelques passages du sermon du P. Lejeune, sur *la cause des afflictions temporelles*, ou celui de St-Liguori sur *les calamités publiques*, nous ne serions plus si péniblement impressionnés par la lettre de la Bergère de la Salette, ni surtout si empressés à rassurer les âmes pieuses contre l'éventualité des châtiments divins. Qu'eussions-nous donc dit si nous avions assisté au discours prononcé à Pont-à-Mousson, en 1626, par le B. Pierre Fourrier, quand il prédit, devant un immense concours d'auditeurs, les désastres de la Lorraine: « Si vous ne changez de vie, s'écria-t-il, si nous ne changeons tous, la colère de Dieu va éclater contre ce pays par de terribles châtiments; les *trois instruments ordinaires* de sa justice y vont causer une affreuse désolation, si l'on n'en détourne les coups, comme jadis les habitants de Ninive, par une prompte et sincère pénitence!! on aura surtout beaucoup à souffrir des nations étrangères! etc. » Les Religieuses de St-Nicolas, épouvantées d'une prédiction à laquelle *un siècle de paix et de bonheur semblait ôter toute vrai-*

semblance, lui en demandèrent l'explication : « Faites votre provision de blé, leur dit-il ; partout la parole sainte est méprisée ; la loi divine a été violée partout, et la guerre qui doit ravager le pays éclatera comme la foudre qui frappe plus violemment les chênes superbes et les hautes montagnes...... »

On peut lire dans la vie du B. les détails des ravages affreux causés par la guerre, par la peste et la famine qui désolèrent ce pays, et qui arrivèrent selon qu'il l'avait prédit. Quand l'esprit de Dieu parle, il ne regarde pas si les hommes, amoureux de leurs aises, seront troublés dans leur bien-être, dans la douceur de leur repos ; il ne regarde que le seul bien des âmes.

12. — Notre anonyme soutient qu'il *n'y a pas lieu de s'effrayer*. Comme tant d'autres, il n'a nul souci des menaces de la Salette. Les Missionnaires de la Vierge réconciliatrice ont eu raison de publier et de répéter qu'on n'avait pas fait cas de la céleste Apparition. En effet, l'indifférence et le naturalisme du siècle l'ont emporté. Il fallait plaire à Bonaparte. D'ailleurs, ne disait-on pas, pour se tranquilliser, que *moins l'homme fait, plus Dieu fait*? C'est sans doute ce qui a porté la Patronne de la France à renouveler ses miséricordieuses apparitions à Lourdes et à Pontmain! Et aujourd'hui seulement on commence de grandes et solennelles manifestations, malgré les insultes de l'impiété.

Mais, dire qu'il *n'y a pas lieu de s'effrayer* des prédictions de Mélanie, n'est-ce pas se porter garant qu'elles n'auront plus leur effet ? Notre *satisfait* doit avoir ses preuves pour nous l'assurer ; seulement il oublie de nous les donner. Avons-nous donc cessé d'être coupables? La France et l'Europe sont-elles converties ? Font-elles seulement une réparation solennelle du passé ? Hélas! nous sommes loin de nous améliorer, et, malgré quelques élans, la foi a continué de s'éteindre, et le mal s'aggrave de plus en plus. Oui! nos désordres sont sans fin et sans mesure. Les ministres de J.-C. n'avouent-ils pas leur impuissance à ramener les individus et les gouvernements à la foi et à la vertu ? Il faudrait être bien aveugle et bien hardi pour dire le contraire ; les pervers et les indifférents continuent d'avancer dans leur voie mauvaise, et les meilleurs comptent trop sur la grande miséricorde de Dieu. Tous nos grands Evêques comprennent ainsi notre situation. L'Eminent Archevêque de Paris disait dernièrement que *l'apostasie est presque générale, et que si la France continue de s'avancer dans la voie de l'athéisme, elle est irrévocablement perdue comme nation.* Mgr de Bourges affirmait, il y a quelques jours, « que tous les maux qui se sont abattus sur la France et sur l'Eglise, sont pour ainsi dire notre ouvrage ; que, soit inertie, soit imprévoyance, soit faiblesse, soit connivence peut-être, nous les avons préparés ou laissés s'accomplir. » Et il s'écriait : « Oh ! comme à la prière nous devons joindre la réparation, l'expiation, disons le mot, l'amende honorable, solennelle et publique, à la face du ciel et de la terre ! »

La presse honnête n'est pas moins effrayante dans ses révélations. *Paris-Journal*, *l'Univers* (21 décembre 1872) et d'autres feuilles, à l'occasion d'un scandale qui se reproduit à chaque instant et en tous lieux, nous signalent ce triste état de notre société : « Hélas, publient-ils, les mœurs privées sont égales aux mœurs publiques et le suicide est à l'ordre du jour; le pays se tue, les Français se tuent. On ne croit plus à rien et l'on meurt sur le seuil d'un mauvais lieu.... L'infamie devient une réclame ; la souillure est une décoration ; le meurtre lui-même, une plus-value. Nous nageons dans l'ignoble, nous nous agitons dans le pourri. Les révolutions prétendent guérir la gangrène, elles l'exagèrent au contraire et la propagent. *Il n'y a plus de Dieu*, disent les libres-penseurs de la révolution, *il n'y a plus de morale, il n'y a que la république une et indivisible,* mais non pas incorruptible. Logiquement, fatalement, ceux qui n'ont pas le sou vont à la Commune, et ceux qui ont de l'argent à manger vont chez les prostituées. Les deux égouts se valent... La république des vices est devenue un fait accompli. Cette révolution a fait le tour du monde; elle a enrôlé tous les pays, tous les gouvernements, tous les peuples et presque tous les individus. »

Le rédacteur de *la Semaine catholique de Lyon*,

satisfait de ce présent, ne paraît rien appréhender pour l'avenir et se moque des prophètes de malheur, tandis que le rédacteur de *la Semaine religieuse de Cambrai* ne cache pas son effroi. Dans son article intitulé : *Seigneur, sauvez-nous, nous périssons !* il s'écrie : « Nous n'hésitons pas à le dire, pour nier l'immensité et l'imminence des catastrophes qui menacent l'Eglise, qui menacent surtout notre France, il faut vouloir fermer les yeux à la lumière, à l'évidence. » Et cette *Semaine*, vraiment catholique, vraiment religieuse, énumère les diverses abominations de notre époque, dont fait abstraction notre imprudent adversaire, pour être en droit de bien rassurer ses lecteurs sur l'avenir. Mais sera-t-il temps de les détromper et de les porter au repentir lorsque le bras de Dieu nous frappera de nouveau, selon cet arrêt divin : *Si vous ne faites pénitence, vous périrez tous* (Luc, 13, 5). Notre contradicteur a-t-il déjà oublié les cris de désespoir que poussait la presse protestante et irreligieuse lorsque Paris brûlait ? Le TEMPS disait : La main d'une Némésis implacable s'appesantit sur notre pays. Les forcenés qui se sont emparés, il y a deux mois, de Paris, en abandonnent aujourd'hui les ruines fumantes aux défenseurs de la loi. Nous ne nous sentons pas la force d'échapper à notre douleur, à notre indignation et à nos angoisses, et de parler librement de ces désastres inouïs. Avec tous nos concitoyens, *nous demeurons accablés sous le poids d'une malédiction que nous avons méritée avec eux. Quel Français peut, en effet, se dire entièrement innocent de ces crimes abominables ?* »

« Nous assistons, disait à son tour LE SOIR, nous assistons terrifiés, à la fin d'une ville, presqu'à l'écroulement d'un monde.

« Paris tombe pièce à pièce, monument par monument, incendié par la plus infernale bande qui ait laissé sa trace sanglante dans l'histoire. Le pétrole qui dévore, la mine qui éclate, le boulet qui troue et renverse, l'obus qui émiette et déchire : tout est bon à ces hommes de destruction, à ces fils parricides.

« *Paris, ville libre !* criaient ces malfaiteurs de la

plume au début de l'insurrection. Ils peuvent crier aujourd'hui : *Paris, ville morte!*

« Maintenant c'est bien fini ! On aura beau laver les ruisseaux rougis de sang, déblayer les décombres, relever les monuments, PARIS A CESSÉ MORALEMENT D'ÊTRE LA CAPITALE DE LA FRANCE. Quand une ville peut renfermer tant de crimes et de folies, *elle est condamnée à la* DÉCHÉANCE, et *si elle échappe maintenant* AU FEU BIBLIQUE DU CIEL, elle ne saurait échapper à la pitié et au mépris des hommes.

« C'est la honte au front que nous voyons se justifier la parole de M. de Bismarck, comptant sur la populace de Paris pour écraser, déshonorer et *anéantir Paris.* Aujourd'hui c'est fait ! »

Notre contradicteur paraît vivre sans jeter jamais un coup d'œil au loin, sans s'instruire de l'état moral du monde. Cependant les journaux les plus dévoués à la Religion, autant que ceux qui lui sont le plus hostiles, sont unanimes à jeter des cris d'épouvante sur les attentats de la révolution, c'est-à-dire de la société actuelle, soit celle qui gouverne, soit celle qui est gouvernée. C'est au point que la presse impie comprend enfin qu'elle doit renverser son idole et briser avec 89, qui nous a conduits à 93, à 1830, à 1848, à 1851, à 1871 et à... Les révoltés de Paris allaient incendier la capitale et assassiner nos prêtres, lorsque *La Patrie* disait aux satisfaits du régime actuel : « Nous assistons au dernier acte de la Révolution française : il est lamentable. La société sortie de cette Révolution, imprégnée de ses principes, achève en ce moment de faire ses preuves de langueur et de stérilité. Puissent les dernières scènes du drame qui vont se précipiter ne pas nous apporter, comme surcroît à l'accablante douleur de la défaite, quelque parodie de terreur et l'humiliant spectacle des convulsions d'une démagogie expirante! »

M. Sarcey et *Le Gaulois* du 10 mai 1871 nous disent qu'« il faut rompre avec nos préjugés d'enfance et répudier une part de l'héritage de 89. Retranchement douloureux ! pénible sacrifice ! mais le salut est à ce prix. C'est la France à refaire, à refaire de haut en bas. » Et oui ! l'impiété l'a renversée ; c'est à la Religion à la rétablir.

Le Figaro du 5 septembre étale toutes les ruines que la Révolution a amoncelées dans les cœurs. C'est elle qui a fait le jeune homme sans foi, sans affection, sans dévouement, sans honneur, parce que l'Université détruit d'un côté ce que la Religion élève de l'autre. »

Le 15 août 1871, *La Revue des deux mondes*, arsenal des plans et projets révolutionnaires, ne craignait pas d'interpeller son idole. Cette fois, elle dit bien haut ce qu'elle pensait tout bas. Il n'est pas, affirmait-elle, une seule des promesses que la Révolution a faites qu'elle n'ait été impuissante à tenir ; un seul de ses principes qui n'ait engendré le contraire de lui-même et produit les conséquences qu'elle voulait éviter. Ainsi, pour le progrès, la prospérité, le règne de la loi, la souveraineté nationale, les droits de la conscience, le patriotisme, la suprématie politique de la France... ce n'a été qu'un avortement. Bien plus, la Révolution a produit des résultats infiniment plus désastreux que le mal qu'elle se proposait de guérir. Quant à LA LIBERTÉ, elle n'a jamais pu nous la donner qu'avec intermittence, et elle nous l'a toujours donnée sans franchise. L'ÉGALITÉ ! elle l'a compromise par une interprétation brutalement matérialiste qui, renversant les rôles, reconstruit au profit de la pauvreté et de l'ignorance les privilèges de la science et du rang. Pour toute FRATERNITÉ, elle ne nous a fait connaître jusqu'à présent que celle de Caïn pour Abel. »

Dans nos précédents opuscules, nous avons signalé de semblables témoignages et montré par des faits irrécusables jusqu'où en est venue la décomposition de la société et la dégradation des Etats sans Dieu, sans Religion. Certainement ces gouvernants n'ont pas fait une loi de l'*athéisme* ; mais, quand même, ils le pratiquent et le font pratiquer, ce qui amène l'athéisme dans les idées. Enfin, ils ont décrété l'indépendance de l'homme et ont oublié ses devoirs pour lui créer des droits. — La Révolution est allée plus loin et elle ira jusqu'au bout ; un de ses coryphées l'a dit : *Andremo al fondo.* Auparavant, elle se bornait à faire dépendre les rois de Dieu seul; le pape, des évêques, et les sujets, des lois et conventions humaines. Bossuet a soutenu ces aberrations; le mal ne s'est pas arrêté là. La Révolution, en détrônant la vérité, a fini par renverser Dieu et le remplacer par *la déesse Raison*. Aussitôt la liberté du mal a pris place à côté de la liberté du bien; et des catholiques séduits ont créé le *libéralisme*, qui a donné les mêmes droits à l'Erreur qu'à la Vérité. Il a dit d'abord: l'*Eglise libre dans l'Etat libre*. Aujourd'hui ce libéralisme a tourné à la tyrannie; il affirme que l'homme est l'unique et véritable maître de ses destinées; que l'Etat est souverain et indépendant, et que l'Eglise doit lui obéir. Tout alors s'est changé dans les constitutions, les lois, la diplomatie, les mœurs publiques, les administrations et les écoles. Si l'homme est indépendant de Dieu, sa liberté n'est plus sa perfectibilité dans le bien, mais sa dégradation dans le mal. Les idées changeant, les mots ont pris une autre signification: aussi la liberté de conscience n'est plus que la libre pensée; la liberté des cultes et des religions, que la morale affranchie; la liberté de la presse, que la diffusion des mauvaises doctrines, et la liberté d'association, que l'exercice du plus saint des devoirs, la révolte! Tout est tombé dans la confusion; le désordre moral a produit le désordre politique, et il a placé la société dans la nécessité de périr.

Le mépris de Dieu, l'apostasie des bons principes et l'outrage de l'Eglise sont les marques de la bête que Satan a imprimées à notre siècle, et cela en plein catholicisme! Aussi nous voyons les peuples protestants l'emporter sur nous, parce que leurs gouvernements ont conservé des principes et des pratiques de religion qu'ils leur imposent, tandis que les nôtres nous ont tout ravi. Chez eux, les institutions valent mieux que les individus; c'est le contraire chez nous. Autrefois la Religion enfanta des merveilles au sein de la barbarie; aujourd'hui la Révolution ne produit que des horreurs au sein de la civilisation: *optimi pessima corruptio*. Les païens eux-mêmes et leur science l'emportent sur nous et sur notre philosophie, parce qu'il n'y a pas de pire corruption que celle du bien. Cette humiliation et cette infériorité, nous avons subi la première et constaté la seconde. Il faut donc que ces nations possèdent ce que nous avons perdu. En effet, on est émerveillé de voir dans les pays protestants, aux jours du Seigneur, le concours des populations dans les temples et surtout la cessation des travaux. Rien de plus louable que les motifs de la loi du dimanche promulguée aux Etats-Unis, au point que nos gouvernements catholiques n'oseraient aujourd'hui en faire une semblable [1].

[1] « Considérant, est-il dit, que 1° la sanctification du dimanche est une chose d'intérêt public;

» 2° Un utile soulagement des fatigues corporelles;

» 3° Une occasion de vaquer à ses devoirs personnels et de réparer *les erreurs qui affligent l'humanité*;

» 4° Un motif particulier d'honorer, dans sa maison et à l'église, Dieu, le créateur et la providence de l'univers;

» 5° Un stimulant à se consacrer aux œuvres de charité, qui font l'ornement et la consolation de la société.

» Attendu: *a*) Qu'il y a des incrédules et des gens inconsidérés qui, méprisant leurs devoirs et les avantages que procure à l'humanité la sanctification du dimanche, outragent la sainteté de ce jour en s'abandonnant à toutes sortes de plaisirs et en s'adonnant à leurs travaux;

» *b*) Qu'une telle conduite est contraire à leurs intérêts comme chrétiens et trouble l'esprit de ceux qui ne suivent point ce mauvais exemple;

» *c*) Que ces sortes de personnes font un tort à la société tout entière, en introduisant dans son sein des tendances de dissipation et d'habitudes immorales,

» Le sénat et les chambres des Etats-Unis décrètent:

» 1. Il est défendu, le dimanche, d'ouvrir les magasins et les boutiques, de s'occuper à un travail quelconque, d'assister à aucun concert, bal ou théâtre, sous peine d'une amende de 10 à 20 shellings (12 fr. 50 à 25 fr.) pour chaque contravention.

» 2. Aucun voiturier ou voyageur ne pourra, sous la même peine, entreprendre un voyage le jour du dimanche, excepté le cas de nécessité, dont la police sera juge.

» 3. Aucun hôtel ou cabaret ne pourra s'ouvrir le dimanche aux personnes qui habitent la commune, sous peine d'une amende ou de la fermeture de l'établissement.

» 4. Ceux qui, sans cause de maladie ou sans motif suffisant, se tiendront éloignés de l'église pendant trois mois, seront condamnés à une amende de 10 shellings.

» 5. Quiconque commettra des actions inconvenantes à proximité ou dans l'intérieur de l'église, payera de 5 à 40 shellings d'amende. — L'exécution de ce décret est confiée aux employés de police choisis tous les ans par les communes. »

Le cachet infernal de notre époque, c'est surtout la haine de la Religion, la tolérance du mal et l'indifférence du bien. Ce cachet ne fut jamais celui du paganisme. Avouons-le : il ne savait pas aimer Dieu, mais il le craignait; il a pu nous dépasser en corruption charnelle, mais il n'a pas atteint celle de notre esprit. Les païens les plus débauchés ne cessaient pas de prêcher le respect de Dieu; il y a donc un abîme entre eux et nous. Nous trouvons même qu'ils distinguaient entre les pouvoirs, et qu'ils préféraient obéir à Dieu plutôt qu'à l'homme. Cependant, chez eux, l'Etat absorbait entièrement l'homme, et ils attendaient une révélation divine pour savoir quelle conduite il fallait tenir envers les Dieux et envers les hommes. (Phédon, p. 249.)

Sur l'opposition entre la loi divine et la loi humaine, Cicéron nous dit : « Il est une loi véritable et absolue, universelle, invariable, éternelle, dont la voix enseigne le bien qu'elle ordonne, et détourne du mal qu'elle défend. On ne peut l'infirmer par aucune autre loi ni en rien retrancher; ni le peuple ni le sénat ne peuvent dispenser d'y obéir; elle est à elle-même son interprète; elle ne sera pas autre dans Rome, autre dans Athènes, autre aujourd'hui, autre demain; partout, dans tous les temps, régnera cette loi immuable et sainte, et avec elle Dieu, le maître et le roi du monde : Dieu qui l'a faite, discutée, sanctionnée. Le méconnaître, c'est s'abjurer soi-même; c'est fouler aux pieds sa nature; c'est s'infliger, par cela seul, le plus cruel châtiment, quand même on pourrait échapper aux autres supplices qu'on pense être réservés ailleurs. (Rép., l. III, 17). »

Sophocle, dans son *Antigone*, proclame que Dieu doit dicter les décrets, et qu'une loi humaine n'a pas assez de valeur pour engager les hommes à violer la loi divine. Aussi Socrate disait à ses juges : « Ce que je sais bien, c'est que désobéir à ce qui est meilleur que soi est contraire au devoir et à l'honneur. Voilà le mal que je redoute. C'est pourquoi, Athéniens, je vous honore et je vous aime; *mais j'obéirai au Dieu plutôt qu'à vous.* (Apol. de Soc.). »

Sur le devoir de respecter Dieu et de défendre la vérité, les païens ne sont pas moins explicites. Sophocle, dans les *Héraclides*, disait aux Athéniens: « O ma patrie, ne souffre point qu'on te ravisse la gloire d'honorer les Dieux. Celui qui n'en sent pas le prix, touche aux bornes de la folie. Trop de raisons s'élèvent pour le confondre.» Cicéron ajoute: « C'est un crime de trahir la vérité, parce que sans elle toute la vie humaine serait renversée, *scelus est dogma prodere* (Académ. 1, l. III)»; et Platon, afin de ne pas travailler en vain, faisait intervenir Dieu dans l'établissement des lois, et voulait des sacrifices quotidiens: « Invoquons Dieu pour l'heureux succès de notre législation; qu'il daigne écouter nos prières, et qu'il vienne, plein de bonté et de bienveillance, nous aider à rédiger nos lois et à fonder notre République.... Qu'il n'y ait pas moins de 365 sacrifices, en sorte que chaque jour un des corps de la magistrature en offre un pour l'Etat, les habitants et tout ce qu'ils possèdent (Lois, p. 223 et 90)».—«Que si vous ôtez la piété envers les Dieux, dit Cicéron, vous enlevez en même temps la foi, la société humaine et aussi la justice, la plus excellente des vertus. *Pietate adversus Deos sublata, et societas humani generis, et excellentissima virtus, justitia tollitur.* Enfin, c'est pour avoir négligé les Dieux, avoue Horace, que l'Italie éprouve les plus grands désastres: *Di multa neglecti dederunt Hesperiæ mala luctuosæ.*

La France, l'Europe, n'éprouvent-elles pas aussi des maux inouïs et pour les mêmes motifs? Elles sont donc plus coupables! Et n'est-ce pas un indice de la fin des temps? Ainsi, nous pouvons dire après Isaïe (XXXI, 13; LX, 12): « Seigneur, des maîtres nous ont possédés sans toi; mais toute nation, tout royaume indocile à la loi périra, et des solitudes les remplaceront. » Hâtons-nous donc d'appeler Dieu au secours de la France, car, dit l'Ecclésiastique (X, 4), le pouvoir souverain sur un pays est dans la main de Dieu, et c'est lui qui y suscitera en son temps un Chef pour le gouverner utilement... *Ainsi ne servons pas tout pouvoir!*

Lorsqu'un peuple va disparaître, il y a des signes avant-coureurs. D'abord la population reste stationnaire, ensuite elle diminue : ce fait révèle tout. Mon contradicteur, qui est Lyonnais, doit, sur le premier point, consulter un mandement resté célèbre de S. E. Mgr de Bonald ; sur le second, il peut s'édifier par le dernier recensement. Déduction faite de la population enlevée à la France par la guerre avec la Prusse et la perte de deux provinces, la population de notre pays a beaucoup diminué. Or, un peuple qui décroît, est un peuple que le vice tue. La luxure a dévoré l'empire romain après l'avoir énervé. Les mêmes causes produiront les mêmes effets pour la France. Le mariage et la famille ne sont plus respectés. Par bonheur que les pauvres fidèles cachent encore cette plaie sociale. Mais qu'on laisse encore prêcher l'immoralité, et bientôt, comme à Rome au temps de sa décadence, on s'inclinera devant une femme du peuple enceinte ; déjà ne jette-t-on pas le ridicule sur les familles nombreuses? Tant que Rome et la France se distinguèrent par la moralité, douze ans suffisaient pour combler les vides causés par les plus effrayantes mortalités et par des guerres incessantes. Le poète a encore raison : *Sævior armis luxuria incubuit.* Notre dépopulation nous rend maintenant le scandale des nations hérétiques, et prouve que nous rivalisons d'opprobre avec les Turcs qui, eux aussi, disparaissent.

Et notre contradicteur, qui doit savoir tout cela, ne s'étonne ni de cette épouvantable dégradation, ni des malheurs qu'elle nous attire, ni de l'abîme où elle nous précipite. S'aveuglant de plus en plus, il nous répétera sans doute qu'on doit se moquer de nos citations comme des lamentations de Mélanie, et non s'en effrayer. A chacun son intelligence ! cependant, gardons-nous de suivre ses conseils.

13. — Notre anonyme veut-il savoir le rôle qu'il joue dans cette circonstance en s'efforçant de détruire la crainte salutaire que peuvent exciter les Secrets de la Salette ? Saint Liguori va le lui dire :

« Le démon, voyant qu'Eve redoutait peu la menace « divine, après que le Seigneur eut défendu de toucher « au fruit de l'arbre qui leur était interdit, se prit à « l'enhardir en lui disant : *Ne craignez rien, vous ne « mourrez point.* Le démon agit de même à l'égard de

« tant de pauvres pécheurs. Il leur dit : *Ne craignez* « *rien, continuez à chercher vos plaisirs ; car Dieu* « *est plein de miséricorde, il vous pardonnera en-* « *core.*—Dieu n'a en vue sans doute que de nous effrayer « par ses menaces, afin que nous quittions le péché et « que nous soyons sauvés ; mais le démon ne s'applique « qu'à nous enlever cette appréhension, afin que nous « ne cessions pas de pécher et que nous soyons dam- « nés. Et nous, malheureux que nous sommes, nous « croyons le démon et non pas Dieu, et nous nous « damnons misérablement ! En ce moment, Dieu se « montre irrité et nous menace de ses vengeances. Et « qui sait combien il en est parmi nous, dans ce pays « affligé, qui ne pensent pas à changer de vie, espérant « que Dieu s'apaisera et ne les frappera point? *Les pé-* « *cheurs ne veulent croire aux menaces de Dieu que* « *lorsque le châtiment qu'ils ont mérité se fait sen-* « *tir.* Mais si nous ne nous corrigeons pas, mes frères, « le châtiment viendra ; si nous n'en finissons pas avec « le péché, Dieu en finira avec nous..... St Jean-Chry- « sostôme dit que quelques-uns voient les fléaux et font « semblant de ne pas les voir. D'autres encore, dit « St Ambroise, ne craignent rien s'ils ne voient les « châtiments. Mais à tous ceux-là il arrive ce qui ar- « riva aux hommes au temps du déluge. Le patriarche « Noé prêchait et annonçait à tous le châtiment que « Dieu préparait aux pécheurs ; et, bien qu'ils vissent « l'arche se construire, ils ne changèrent pas de vie et « continuèrent à pécher jusqu'à ce que, le jour de la « punition étant venu, ils furent tous submergés par le « déluge. » (Math. IV, 39.)

14. —Aujourd'hui, le plus grand nombre espère obtenir la miséricorde sans éprouver la justice, sans passer par les châtiments. On se rassure en disant que tous les siècles se ressemblent et que les hommes ont été toujours les mêmes. Sans doute, il y a toujours eu des vices et des impies ; cependant, dit M. de Maistre, il n'y avait jamais eu, avant le 18e siècle et au sein du Christianisme, une insurrection contre Dieu ! Jamais, surtout, on n'avait vu une conspiration sacrilége de tous les talents contre leur Auteur. Or, c'est ce que nous

avons vu de nos jours. Il faut le dire, on ne veut pas croire que le mal soit si grand, que la mesure des prévarications n'ait jamais dans aucun temps atteint de telles proportions. On ne veut pas voir l'apostasie, *devenue presque générale*, s'annoncer comme pouvant être déjà un des signes précurseurs de la fin des temps. Cette incrédulité, qui déjà s'étend à tout, à l'Evangile, au surnaturel, sous toutes ses formes, fait qu'on ne croit plus à rien, pas même à la vertu. Toutes les idées se faussent, tous les esprits se troublent, tous les courages s'amollissent. « Ce que je vous dis, je le dis à tous, disait le Sauveur, veillez. — Beaucoup ne surent pas discerner les signes précurseurs du déluge, ni les signes précurseurs de la ruine de Jérusalem; il en sera de même à la fin des temps (Mgr Gaume). »—Qu'est-ce que prouve cette disposition générale des esprits? Rien autre chose, à notre avis, sinon que notre siècle ressemble assez bien à celui qu'engloutirent les eaux du déluge.

Nous ne nions pas, tant s'en faut, l'importance et le grand poids qu'ont dans la balance divine les manifestations religieuses, les prières publiques, solennelles. C'est le plus beau des signes du temps qui nous conserve l'espérance d'être, à la fin, pardonnés et sauvés. Mais qui oserait dire qu'elles auront pour effet d'éloigner tous les fléaux?

Nous devons un si long et si lourd arriéré à la justice divine! « Tout n'est pas fait parce que nous avons prié, disait encore l'excellente *Semaine* de Cambrai; il faut maintenant que nous donnions des gages, afin d'attirer sur nous la miséricorde et le salut. » Nous le demandons: le signe souverainement consolant des conversions se montre-t-il au moins partiellement?

15. — Sainte Thérèse et les docteurs en théologie mystique parlent autrement que notre contradicteur sur les annonces de malheurs. Le R. P. Maunoir était accusé d'être trop crédule: il répondit qu'on ne devait ni croire trop aisément, ni ne pas croire les choses de cette nature. Mélanie elle-même avertit de se tenir *en garde contre les faiseurs de miracles*; et St Paul nous prescrit, non pas de mépriser les prophéties,

mais de tout éprouver et de retenir ce qui est bon. *Prophetias nolite spernere, omnia autem probate: quod bonum est* TENETE (Thes., v, 20). Mais, sur cet OMNIA PROBATE, que de précautions à prendre, que de règles à garder ne nous indiquent point les vrais docteurs! Il faut donc avant tout que l'examinateur soit un homme de Dieu, qu'il soit pourvu d'une science profonde, d'une doctrine sûre, basée sur les décisions des maîtres de la vie spirituelle. Ces qualités sont encore plus nécessaires, dès que son sentiment, livré au public par la presse, devient comme une sorte de jugement qui s'impose à tout le monde. Notre censeur est-il bien dans ces conditions? Ses allures si libres et si lestes, son ton si tranchant, la pauvreté de ses raisons, tout, en un mot, fait craindre qu'il ne se soit tristement fourvoyé. Il est vrai que, pour justifier cette double prétention que Mélanie ne doit pas être crue parce qu'elle n'a plus de mission, et *que sa mission est morte* en naissant, notre contradicteur ajoute que depuis cette époque (de l'Apparition), *elle a pu avoir la manie de prophétiser*. D'abord, comment le sait-il? Quelle preuve donne-t-il de son accusation? Aucune. C'est donc un parti pris chez lui d'affirmer ou de nier par pur caprice, à tort et à travers. Ensuite, les premières parties de l'entretien divulguées en 1846 et en 1851, avant le jugement doctrinal, n'étaient-elles pas prophétiques? Celles de 1860 et 1870 ne sont-elles pas conformes aux précédentes? Notre S. P. le Pape n'a-t-il pas dit, en lisant les secrets, que c'étaient des fléaux annoncés pour la France, l'Italie, l'Espagne et toute l'Europe? Mélanie n'a-t-elle pas reçu deux fois de Marie l'ordre de transmettre ses enseignements à tout son peuple? Dès le lendemain de l'Apparition, Mélanie n'a-t-elle pas protesté, malgré toutes les promesses et les menaces, de sa soumission entière aux ordres célestes? *N'a-t-elle pas compris que tout son peuple, le peuple de Marie, voulait dire tout l'univers?* Notre anonyme transforme donc cette obéissance de Mélanie *en une manie de prophétiser*. Cependant c'est là sa mission: elle ne peut qu'obéir. Libre à lui de soutenir qu'elle n'a plus de mission. Nous soutenons, nous, le contraire, et puisque nous avons donné les raisons de notre conviction, qu'il donne aussi les motifs de son opinion.

16. — Pour faire croire que Mélanie débite à plaisir de fausses révélations, des prédictions qu'elle invente, notre critique avance *que la manie de prophétiser lui serait commune avec d'autres esprits singuliers ou malades*, c'est-à-dire, en termes adoucis, que Mélanie est fanatique, ou folle, ou possédée. Vraiment nous ne répondrons pas à ces absurdités. Mais l'auteur de ces misérables *alinéas* va plus loin qu'il ne pense, par cette assertion qu'il réitère. Il enlève toute confiance, non seulement *au petit écrit de Mélanie*, mais à d'autres qui sont infiniment respectables. Bien que notre censeur cherche à en diminuer l'autorité, en disant que ces écrits sont distribués par des mains intéressées ou imprudentes, de telles assertions souvent répétées semblent dire qu'il n'y a plus que de fausses prophéties, d'autant plus que notre rédacteur, dévoué sans doute au *naturalisme*, n'indique pas, parmi les plus récentes, celles qu'il croit véritables. Cependant il est certain que l'esprit de prophétie vit toujours dans l'Eglise. A notre époque, nous pouvons citer comme ayant été favorisés de révélations célestes, le V. Bianchi, Elisabeth Canori-Mora, la V. Anna-Maria Taïgi, Catherine Emmerich, Marie Lataste, le V. curé d'Ars, la V. Véronique des Sept-Douleurs, qui ne sont, certes, point des *esprits singuliers ou malades*. Quelques-uns sont déjà déclarés vénérables par le Saint-Siége, et les écrits des autres ont reçu des approbations épiscopales. Et que ne dirais-je pas des apparitions de Lourdes et de Pontmain, qui sont comme des corollaires indispensables du fait de la Salette, parce qu'on a trop méconnu celui-ci? Cette proposition du contempteur de Mélanie devrait donc être rectifiée, selon cet enseignement de saint Thomas : *Singulis temporibus non defuerunt aliqui prophetiæ spiritum habentes ad humanorum actuum directionem.* Dans tous les temps il y a eu des prophéties pour la direction des mœurs, et non pour donner des dogmes nouveaux. Oui, le don de miracle et de prophétie durera

dans l'Eglise jusqu'à la fin des temps. Si l'on consulte l'histoire, dit Schram (*Théol. myst.*), on voit que l'esprit de prophétie était dans l'Eglise dès le temps des Apôtres, et le témoignage des SS. Pères nous prouve qu'il a persévéré dans la suite des âges. Du reste, il entre dans les vues de la Providence divine sur l'Eglise de lui conserver toujours des Prophètes. La prophétie est une des faveurs les plus signalées que Dieu puisse lui accorder, et une de celles dont il se sert plus volontiers pour établir la foi; de plus, elle est une note et un caractère de la véritable Eglise, comme le démontre Bellarmin (lib. IV, *de Eccl.*, 150). Notre censeur, pour s'instruire suffisamment sur ce point, fera bien de lire encore Scaramelli, le card. Bona, et le catéchisme spirituel du Père Surin.

17. — Le contempteur de Mélanie, craignant de ne pas lui avoir assez enlevé tout crédit et toute réputation malgré tout ce qu'il avance *sur le petit écrit*, ajoute, après avoir assuré que Mélanie n'a en aucune manière établi son droit à prophétiser, *qu'on trouve même la preuve du contraire dans le texte de sa lettre, qui renferme*, dit-il, *des incohérences et des contradictions*. — Nous savons que le texte attaqué par l'anonyme n'est pas conforme à celui de l'original. Malgré cela, nous avouons ne pas y voir des *incohérences* et encore moins des *contradictions*, parce que nous comprenons qu'en quelques lignes, on ne peut pas tout dire, tout coordonner. Mélanie écrit à sa mère pour ses proches; dans leur intérêt, elle soulève un coin du voile qui cache l'avenir. Notre censeur ne comprend pas que cette réserve qui confie des demi-mots à la famille, n'est pas une preuve d'imposture. D'ailleurs, qu'il signale ce qu'il appelle *contradictions* et *incohérences*, et nous pourrons les lui expliquer. Mais avant, qu'il nous dise si les incohérences et les contradictions qui semblent se trouver dans les prophéties de l'Ancien Testament et de l'Apocalypse, en dénotent la fausseté? Elles sont quelquefois si difficiles à comprendre, que les commentateurs ne s'accordent pas pour les expliquer. Peut-on en conclure que ces récits prophétiques sont faux et incompréhensibles?

18. — Les nouveaux opposants au fait de la Salette et à la mission de Mélanie, montrent qu'ils sont aussi légers et imprudents dans leurs actes que dans leurs paroles, dans ce qu'ils font comme dans ce qu'ils ne font pas. Ils savaient bien qu'en reproduisant le texte exact de la lettre *manuscrite*, ils ne pourraient plus incriminer la lettre *imprimée*. Le R. P. Huguet, entre autres, a cru faire un nouveau coup d'éclat en déclarant à ses 25,000 abonnés qu'il avait lu l'autographe de Mélanie, et que le texte de l'original était tout différent de celui de l'imprimé (pag. 10).—Cet excellent religieux sait bien que c'est de mémoire qu'un digne prêtre a reproduit cette lettre; et nous demandons à toute personne de bonne foi qui comparera les deux pièces, si les idées et l'esprit de la lettre pouvaient être mieux reproduits. Nous sommes même heureux de trouver dans l'imprimé quelque chose d'adouci; il ne nous enlève pas tout espoir. Cette lettre, ainsi rédigée, est telle que Mélanie l'aurait écrite pour le public. Puisque nos contradicteurs nous y forcent, à eux la responsabilité! car ils devaient eux-mêmes publier cette lettre: ils ne l'ont pas fait pour pouvoir donner libre cours à leurs exagérations. Non-seulement nous reproduisons textuellement la lettre confidentielle de Mélanie, mais nous la montrerons à quiconque voudra la lire de ses yeux, tant nous voulons toujours agir en toute loyauté.

Expliquons d'abord que la lettre est écrite par la pieuse Bergère, en toute simplicité et abandon de cœur. C'est une fille qui parle à sa mère; ainsi on ne doit pas y chercher autre chose que l'expression de l'amour filial, dans un temps aussi bouleversé que le nôtre, alors que Mélanie déplore amèrement les conséquences que va avoir notre aveuglement.

Remarquons encore que cette prédiction de *Paris coupable qui est condamné*; de *cette ville, siége de tous les vices, qui doit périr*, peut se réaliser *à la lettre*; car vingt autres prophéties, dignes de confiance, annoncent la destruction matérielle de cette capitale, en punition de son impénitence. Mais il est vrai de dire aussi que Paris, s'il se convertit, pourra être épargné. Alors la prophétie se réaliserait moralement, puisque Paris coupable aurait réellement disparu. Les Parisiens et les habitants des autres villes menacées ont le choix entre ces deux destructions. C'est pourquoi Mélanie a écrit à M. Thiers de renverser l'infâme idole de Paris, Voltaire, qui le représente si bien..., et qu'elle ne cesse de nous répéter : *prions! prions! malheur, deux fois malheur à ceux qui ne se convertiront pas.*

Enfin, faisons cette troisième observation : Mélanie prévenait, le 22 avril dernier, sa mère et la suppliait de faire venir au plus tôt à Corps ses frères et sœurs. Or, Paris existe encore. — Ce fait est loin d'infirmer la prédiction contenue dans le Secret de la Salette. — Dieu, dans ses révélations, parle toujours au présent. Pour lui, le passé et le futur n'existent pas, car il comprend en un seul point tous les temps ; l'éternité, c'est l'instantanéité qui dure toujours. Par conséquent, les prophètes et les personnes qui ont des révélations voient aussi comme s'accomplissant des évènements qui peuvent n'arriver que bien plus tard. Nous expliquons ce fait de la mystique divine dans notre 4e opuscule. Sainte Brigitte nous avertit que même les *dates fixées* peuvent être changées par l'effet des prières ou d'autres circonstances. Ainsi le retard ou le *devancement* dans l'accomplissement d'une prophétie ne prouve pas contre elle.

Ces préliminaires remplis, nous pouvons sans aucun inconvénient publier le texte même de la lettre de Mélanie.

« Castellamare, le 22 avril 1872.

» Ma bien chère mère,

» Que Jésus soit aimé de tous les cœurs! — Il y a bien longtemps que je n'ai pas eu l'avantage de recevoir de vos nouvelles ; je ne cesse de prier le bon Dieu pour vous, pour mes chers frères et pour mes bonnes sœurs. Que le Dieu des miséricordes veille sur vous ; qu'il vous protège et vous tienne, la main sur vos têtes, dans le moment épouvantable qui va éclater sur la France coupable. La mesure des crimes est pleine ; pauvre France! pauvre Italie!... Je désire, chère mère, que vous écriviez encore à mon frère Auguste qui est à Paris, pour lui dire de sortir de cette ville, ville coupable, siége de tous les vices... Elle doit périr. Hâtez-vous de lui écrire, je vous en supplie, autrement vous aurez à pleurer; cette ville est condamnée; elle doit disparaître de la terre. Que mon frère sorte, et sorte le plus tôt possible; il n'y a pas de temps à perdre... Prions beaucoup, chère mère, prions; les fléaux les plus terribles, et tels qu'il ne s'en est jamais vu de semblables, vont fondre sur la France. Attachez-vous bien à la Ste-Vierge, à notre sainte Religion, à notre St-Père le Pape, Vicaire infaillible de Jésus-Christ sur la terre. Si vous n'avez pas le scapulaire du Mont-Carmel, faites-vous-le mettre, ainsi qu'à tous mes frères; mais ne perdez pas de temps. Les fléaux viendront à la course et comme des voleurs. Confessez-vous et faites la sainte Communion. Soyez tous prêts à mourir si le bon Dieu le veut; mais ne perdez pas le ciel où nous devons tous nous revoir, pour ne jamais plus nous séparer. Priez, priez, et quand le sang coulera de tous côtés, tout à coup un autre fléau épouvantable apparaîtra et exterminera le premier. Je tremble en voyant tant de maux, je ne puis plus y penser. Procurez-vous deux ou trois cierges que vous ferez bénir; procurez-vous aussi de l'eau bénite, et quand vous entendrez des bruits dans les airs et que la nuit se fera, fermez bien vos portes et vos fenêtres et faites des prières continuelles jusqu'à ce que nous reconnaissions que Dieu seul est digne d'être adoré et servi. Priez pour notre St-Père le Pape, priez pour les prêtres; soyez unis entre vous, aimez-vous les uns les autres, faites des prières continuelles. Prions, prions; ne vous affligez pas pour moi: je suis entre les mains de Dieu. Le sang coulera en Italie comme en France; on persécutera l'Eglise; on fera mourir les catholiques; les méchants s'enivreront du sang des chrétiens. Mon Dieu! mon Dieu! quel tableau effrayant...! Nous l'avons mérité, mais qui ne mourrait pas de frayeur? Prions, prions, pleurons, et laissons rire ceux qui ne riront pas alors; laissons les incrédules se moquer de tout. Un jour, ils croiront parce qu'ils verront, mais trop tard; ils devront, malgré eux, boire jusqu'à la lie les vengeances du Seigneur des seigneurs, du Roi des rois.... Prions, prions beaucoup la Très-Ste-Vierge; nous avons un grand besoin de son assistance et de son aide; prions-la avec confiance. Vous feriez bien, ma chère mère, de faire venir ma sœur Julie à Corps ainsi que son mari.

» Les habitants de mon cher pays devraient beaucoup prier, prier pour notre St-Père le Pape, pour les pauvres prêtres. Oh! mon Dieu, pourquoi ne s'est-on pas converti?

» Agréez l'hommage du profond respect avec lequel je suis, ma bien chère et bien-aimée mère, votre très-respectueuse et attachée fille,

» Marie De la Croix, victime de Jésus.

» L'œil de Dieu veille sur moi,
» Mon salut est dans la Croix,
» Vive Notre-Dame de la Salette. »

19. — Ce texte ne justifie-t-il pas ce que nous avons écrit, et ne condamne-t-il pas toutes les critiques de nos adversaires?—Si nous voulions dire tout ce que suggère à l'esprit seulement le texte des 7 alinéas, nous ne terminerions pas. Nous nous réservons même de montrer dans notre prochain volume combien ils sont fâcheux, puisque les événements sont venus prouver l'origine céleste des révélations précédentes de Mélanie, et augmenter ainsi notre confiance sur ce qu'elle annonce encore.

Ainsi cette règle que pose le Rédacteur relativement aux écrits qui traitent de choses religieuses, pour qu'ils méritent l'attention des fidèles, nous la croyons un peu trop exclusive; cependant nous admettons avec lui que si ces écrits ne sont pas autorisés par les Evêques, ils n'engagent pas l'Eglise. Mais, de ces prémices, qui pourra arriver aux conclusions de notre contradicteur? Comment! un livre sera en lui-même excellent, mais, parce qu'il a dû se passer du *visa de l'Evêché*, on devra, *à priori* et sans autre examen, le repousser, ou ne le lire qu'avec une extrême défiance, bien qu'il ait pour auteur quelque pieux laïque ou un prêtre recommandable! Mais combien de livres, sortis de pareilles mains, paraissent sans *l'imprimatur* de l'Ordinaire, même à Lyon? — « *Quand même*, ajoute notre anonyme, *il est au moins oiseux de les lire, et il est dangereux et imprudent de les propager. On peut* LÉGITIMEMENT *craindre qu'ils n'aient leur source dans l'esprit d'erreur ou dans les calculs d'un mercantilisme d'autant plus blâmable qu'il opère sur des choses religieuses.....* » Mais que dirait-il donc s'il s'agissait de livres déjà suspects ou dénoncés à l'autorité ecclésiastique? Vraiment ces exagérations se réfutent d'elles-mêmes, et elles nous ôtent le courage de continuer notre discussion.—Nous aurions peut-être bien fait de croire tout de suite, avec Mélanie, que ce fatras de bévues et d'injures ne valait pas la peine d'une réfutation.

20.—Nous avons répondu brièvement aux questions soulevées et aux accusations portées par nos contradicteurs. Nous croyons qu'il ne reste rien de tous leurs *alinéas*, soit contre Mélanie, soit contre nous. Mais il reste plusieurs choses contre eux, qui prouvent qu'ils se sont trompés et que leur jugement ne vaut pas plus que l'esprit qui les anime.

Mélanie, pour montrer sa bonne foi et la vérité de ce qu'elle livre au public, se borne à demander que ceux qui la persécutent et la poursuivent de leurs calomnies en réfèrent d'abord à son confesseur et à son Evêque, ses juges légitimes, puis au Souverain Pontife, s'ils le veulent. Notre anonyme prouve, au contraire, par sa conduite, 1° que, sans raison aucune, il a jugé et condamné Mélanie à la face du monde catholique; 2° qu'il est, comme les anciens opposants au fait de la Salette, impuissant, mais d'une impuissance radicale, à soulever une objection sérieuse contre Mélanie ou la Sainte Apparition ou le document: ils l'ont démontré. De plus, on sait que tous les mécréants déraisonnent. Néanmoins, leurs détestables allégations contre la Sainte Apparition et contre ses deux témoins ont fini par produire un mal incalculable; elles ont affaibli la confiance que l'on accordait partout aux paroles de Marie, et plusieurs même ont fini par les mépriser. De là leur endurcissement dans le mal. Dieu, dès lors, s'est manifesté en nous punissant, et il continuera de le faire tant que l'on persévérera dans l'absurde quiétude de l'anonyme; enfin 3° que si Mélanie a dit vrai en 1846, en 1851..., elle a encore dit vrai depuis, et notamment en 1870, puisque ce qu'elle a révélé naguère, est conforme à ce qu'elle a dit précédemment. De quel côté se trouvent donc la bonne ou la mauvaise foi, la vérité ou le mensonge?

XV.

Notre contradicteur admet la réalité de l'Apparition, et donne pour motifs de son adhésion, non point les déclarations des témoins du fait, mais les miracles qui ont été opérés. Ainsi, pour lui, les témoins disparaissent comme aussi le fait. Nous lui concédons que les miracles sont un motif de crédibilité, mais ils ne sont ni l'unique ni même le plus puissant. Ils sont la conséquence et l'appui d'actes antérieurs. Il leur faut pour cela les faits qui les ont précédés. « Le Pape, dit saint » Thomas, à qui il appartient de canoniser les saints, » peut obtenir la certitude de l'état d'un mort, non-» seulement par l'attestation des miracles, mais aussi » par l'examen de sa vie *et surtout par l'inspiration* » *du Saint-Esprit, qui sonde tout, même les profon-* » *deurs de Dieu.* » — Quand il s'agit d'apparition, de révélation ou de canonisation, on examine fort longuement les miracles autant qu'on s'assure de la réalité des faits ou de la sainteté des personnes, mais on ne les admet qu'en confirmation d'autres faits, et ceux-ci doivent être certains et repousser toute possibilité de supercherie et d'hallucination. Et c'est bien ce qui a eu lieu pour le fait de l'Apparition de Marie à la Salette. Les miracles survenus après n'ont été qu'un motif de plus d'y croire.

XVI.

Mais il y a plus : si notre contradicteur, par impossible, arrivait à prouver que Mélanie a menti dans ses dernières révélations... comme elles sont semblables aux premières et qu'elles en découlent, nous disons qu'il ébranlerait du même coup toute l'économie du fait de la Salette. Concédons un instant que la lettre de Mélanie prouve qu'elle ment et que ses dernières communications sont des inventions, ou mieux, supposons que

Mélanie déclare à présent qu'elle a menti. Eh bien, nous serions forcé d'avouer que cette dernière déclaration serait seule mensongère, et que sa déclaration de 1870 doit être aussi vraie que ses révélations de 1846 et de 1851. Elle ferait maintenant comme a fait Maximin à Ars. On a beaucoup parlé sur ce *malentendu*, mais sans l'éclaircir; parce que Maximin, pour se sortir d'embarras, s'est prêté à toutes les explications qu'on lui a suggérées; mais nous croyons que le Berger fut poussé à cette étourderie pour mettre à l'épreuve l'outrecuidance de M. Reymond. Le démenti que se donnerait Mélanie serait moins admissible que celui d'Ars, car alors l'autorité n'avait pas prononcé. Mais, après le jugement doctrinal et après les réserves qu'ils ont faites, peut-on bien concevoir que les témoins de l'Apparition aient intérêt à mentir sur les révélations qu'ils auraient à livrer plus tard, comme faisant partie de l'entretien secret de la Sainte Vierge? Or, les présentes révélations concordent avec ce qui a été jugé vrai et surnaturel; elles concordent avec l'enseignement des Docteurs de l'Eglise, et, relativement à Mélanie, ses confesseurs et son évêque ont permis cette communication.

Nous ignorons à la vérité si Mgr Petagna a prononcé doctrinalement sur cette révélation; mais, en supposant même qu'il ait gardé constamment le silence au sujet du document de la Bergère, la connaissance qu'il en a, ainsi que le confesseur, le consentement au moins tacite qu'ils ont donné à sa transmission, augmentent l'importance de la lettre que Mélanie a écrite à sa mère, en dehors de la valeur que cette pièce acquiert de la vie édifiante de son auteur, de la confiance que lui témoigne le public, et des autres raisons que nous avons indiquées. Notre contradicteur a-t-il réfléchi à tout cela? Non, sans doute! Et néanmoins il ne craint pas de proclamer que Mélanie ment volontairement ou involontairement.

XVII.

Nous pourrions demander à notre adversaire ce qu'une fois nous demandâmes à M. Boniface, ministre protestant de Grenoble. Nous discutions, et ce verbeux sectaire de Calvin accumulait aussi *alinéas sur alinéas*, suppositions sur suppositions. Il croyait par là nous accabler. Nous lui fîmes cette simple observation pour lui montrer le peu de valeur de tout son verbiage : *« Qui vous a dit que vous êtes dans la vérité et que je suis dans l'erreur ; que je dois, par conséquent, rejeter mes sentiments pour adopter les vôtres ? »* Nous faisons la même interrogation à notre anonyme. Prêtre ou laïque, il n'a qu'une autorité fort restreinte et une valeur bien limitée ; elles ne dépassent pas celles de tout autre laïque ou prêtre qui est dans les mêmes conditions que lui. Il a plu à notre censeur de condamner Mélanie, sa lettre et sa révélation ; mais si je trouve un autre bon prêtre ou un pieux laïque qui les approuve, non-seulement toutes les suppositions de notre anonyme disparaissent, car qui de *un* retranche *un* reste zéro. Mais il est de plus réfuté et condamné selon ce principe : *Odiosa sunt restringenda.* Or, voici justement des ecclésiastiques qui nous adressent, de Montpellier, de Ste-Affrique et d'ailleurs, une circulaire ayant ce titre : *L'avenir prochain de la France, ou Lettre de Mélanie à sa mère.* C'est exactement la lettre qu'on a imprimée à Lyon et que certaines *Semaines* ont vouée au mépris. Après l'avoir reproduite, M. l'abbé J. Ledoux, aumônier de l'hôpital général de Montpellier et auteur de plusieurs excellents livres, fait ces sages et salutaires réflexions :

« Il est difficile, impossible, de ne pas admettre l'authenticité de cette lettre et de ne pas ajouter foi aux révélations qu'elle contient, après les raisons données par la Sœur Marie de la Croix elle-même et par M. Cloquet, Prêtre-Directeur du journal l'*Apostolat* (26 septembre 1872). Or, convaincu de la vérité des prédictions relatées dans cette lettre, pensant que beaucoup d'autres seront convaincus comme moi, je me suis demandé si ces prédictions effrayantes ne troubleront pas certaines personnes qui, ayant des parents, des amis ou des intérêts à sauvegarder à Paris, à Marseille, se figureront voir, sous peu, Paris et Marseille anéantis ?

» Ces personnes auront-elles raison de s'épouvanter? Peut-être oui, peut-être non. Voici les pensées qui se présentent à l'esprit en lisant cette lettre. La Bergère de la Salette, Sœur Marie de la Croix, a été suscitée du ciel, comme autrefois le prophète Jonas, pour détourner les peuples du mal, pour les ramener à Dieu par l'annonce de terribles châtiments et par des menaces incessantes. La Sœur Marie de la Croix remplit sa mission providentielle et vraiment miséricordieuse: (miséricordieuse, puisque c'est la Mère de miséricorde, la patronne, la protectrice de la France, notre bonne et tendre Mère, notre espérance et notre salut, qui lui a commandé de nous avertir). Mais la Sœur Marie de la Croix, ayant annoncé la destruction de Paris, s'affligerait-elle, se plaindrait-elle comme autrefois le prophète Jonas, si elle voyait Paris détruit, changé, non quant aux bâtiments, par le feu du ciel ou par la main des hommes, mais détruit, changé, quant au mal, au péché, par la grâce de Dieu et par la pénitence? Non. — Ayant eu le bonheur d'entrevoir le regard céleste et maternel de la Mère de miséricorde, ayant approché de si près son cœur si bon, si tendre, la Sœur Marie de la Croix serait heureuse, et, la première, elle le dit assez, elle entonnerait le cantique d'actions de grâces, si Paris, Marseille, la France, s'étant convertis, étaient sauvés. Or, si l'Apparition et les terribles menaces de la Salette doivent nous faire craindre et trembler étant rebelles, les apparitions de Lourdes et de Pontmain doivent nous inspirer une grande confiance, SI NOUS VOULONS ÊTRE FIDÈLES; mais quand et comment Paris, Marseille, la France pourront-ils être sauvés, lorsque tant de moyens de salut, tant de menaces et de châtiments ont été jusqu'à présent presque inutiles et n'ont pu les ramener à Dieu? — Dieu seul sait quand et comment la France reviendra; ce sera probablement, selon les prédictions de Sœur Marie de la Croix, lorsque Dieu appesantira sa main sur nos têtes coupables; alors sans doute, comme autrefois le peuple hébreux, nous reviendrons à de meilleurs sentiments, selon la parole du prophète: *Cum occideret eos, quærebant eum et revertebantur, et diluculo veniebant ad eum* (Psaume 77, v. 34). Toutefois, puisque la Sainte Vierge, notre bonne et tendre mère, s'efforce d'arrêter le bras de son divin Fils, comme elle nous l'a annoncé, tenons pour certain que nous serons moins éprouvés que nous ne le méritons et que nous serons définitivement sauvés si, mettant à profit sa tendresse, nous voulons revenir à Dieu. »

Ces réflexions feront-elles repentir notre adversaire de son opposition à l'œuvre de Marie? — Nous le désirons.— Toute intervention divine n'a pour fin que la gloire de Dieu, le salut des hommes et l'exaltation de l'Eglise dans une plus grande proportion et lorsque la société a besoin d'une voie extraordinaire pour triompher du mal. Mais, après l'intervention divine, doit se montrer l'intervention humaine. Dieu fait d'abord son œuvre, puis il remet aux hommes le soin de la développer ou la liberté de la détruire. L'exemple de Paul terrassé se reproduit rarement, car, à notre époque, les mécréants, les persécuteurs, sont-ils de bonne foi? La liberté humaine est donc respectée de Dieu même; mais malheur à ceux qui en abusent! Combien il y en a qui ont méconnu les dons du Très-Haut et qui en ont été punis selon la rigueur de la justice divine! Aussi «prions Dieu, — dit l'auteur de N.-D. de Lourdes (p. 454), — prions Dieu que les hommes ne perdent jamais ce que la Providence a fait pour eux, et que, par des idées terrestres ou des actes anti-évangéliques, ils ne brisent pas dans leurs mains coupables ou maladroites le vase des grâces célestes, le vase sacré dont ils ont reçu le dépôt. »

XVIII.

Examinons de plus près quels sont les funestes effets produits par tant de fausses assertions.—La masse des chrétiens ne connaît pas les règles qui font distinguer le vrai du faux en des matières si difficiles. Ces fidèles, déroutés par les inventions de notre docteur, n'auront désormais pas plus de foi en ce qui a été jugé qu'en ce qui ne l'a pas été. Mais alors que devient l'autorité d'un Evêque et la confiance que doit obtenir son enseignement? Et qu'on ne s'y trompe point! il arrivera certainement pour Lourdes et pour Pontmain ce qui a eu lieu pour la Salette. La mission de l'Eglise et sa véracité se trouveront donc attaquées et comme compromises par les injurieuses paroles de notre censeur (1). Et comme tout se tient et s'enchaîne dans l'Eglise, il aura ainsi ébranlé tout l'édifice spirituel et jeté le trouble dans les âmes simples et candides. Nous avons donc raison de dire que *les sept alinéas* de notre contradicteur sont déplorables; qu'ils ne sont fondés sur rien de solide; qu'ils avancent sans le prouver que la mission de Mélanie est finie et divaguent sur l'entretien confidentiel de la Sainte Vierge que l'anonyme ne connaît pas et sur lequel il n'a pas le droit de prononcer.

On pourrait trouver encore d'autres conséquences fâcheuses aux assertions de notre contradicteur. Ainsi notre *divine Mère* est venue avertir son peuple et le porter à la pénitence. Or, cet acte de miséricorde, ayant perdu son importance ou n'ayant pas eu ses résultats, à cause des efforts des opposants et de leurs allégations contre les deux témoins à qui ils faisaient démolir d'une main ce qu'ils bâtissaient de l'autre, on pourrait soutenir que, grâce à eux, la Sainte Vierge n'aurait pu atteindre son but... Mais, si cela est, à qui la faute, à qui la responsabilité, lorsqu'on sait que Marie a visiblement transformé ces pauvres petits *Bergers*, d'une ignorance sans égale; qu'elle les a armés, pour leur mission, de courage devant les menaces de la justice et de la gendarmerie, de désintéressement contre la séduction des richesses et d'une sagesse si merveilleuse qu'elle a renversé toute la science des savants, toute l'astuce des sages et toutes les objections des incrédules? Et aujourd'hui que le peuple de Marie est si opprimé, et qu'il est si nécessaire, par conséquent, de lui rappeler les larmes de la reine du ciel, les crimes qui les font couler, et de lui répéter sans cesse comment nous pouvons les faire cesser, notre censeur voudrait nous persuader que la Sainte Vierge ne protége plus ses enfants bien-aimés, ses hérauts dans le monde, et

(1) Nous recevons déjà deux détestables pamphlets contre Lourdes. On sait aussi combien a déjà été blâmable l'œuvre de la presse révolutionnaire.

qu'au moment le plus décisif, elle les laisse tomber dans le crime d'imposture... Non! il n'en est rien. Notre censeur peut, tant qu'il lui plaira, persister dans sa détestable obstination; *c'est aussi une manie de certains esprits fanatiques, ou malades, ou mauvais plaisants*, de croire l'invraisemblable plutôt que d'admettre ce qui se présente avec bien des motifs de crédibilité. Nous nous garderons bien nous-même de raisonner ainsi, de faire de l'opposition à Marie, et de méconnaître ou empêcher son œuvre.

XIX.

Nos lecteurs voudront bien remarquer que nous parlons ainsi des documents reproduisant les paroles mêmes de la Sainte Vierge et non des lettres de Mélanie. Dans les SECRETS DE LA SALETTE (pag. 78, 102), nous avons indiqué la différence qui existe entre les uns et les autres. Sans doute que les lettres s'inspirent des communications d'En-Haut, et doivent, par cela même, surtout à cause des vertus de Mélanie et de la bonne direction qui lui est donnée, obtenir une grande confiance. Cependant ces lettres ne peuvent avoir l'autorité qui appartient aux révélations elles-mêmes.

Ce n'est qu'accidentellement que la lettre du 22 avril a été incriminée et que nous la défendons; elle a servi de prétexte aux attaques qu'on dirige contre le document de 1870, *et nous savons pourquoi*. Nous le reconnaissons volontiers: ces lettres sont des faits humains, par conséquent discutables. Mélanie n'est plus le témoin unique de la Sainte Vierge; les miraculés et les croyants le sont aussi. Ensuite, sa mission a pu se modifier. Sans doute que, dans les appréciations des événements présents ou futurs, elle se base sur les lumières dont son esprit a été éclairé, et nous pourrions dire inondé dans son colloque avec Marie. Mais ces appréciations, si autorisées qu'elles soient, ont toujours assurément une valeur bien moindre que les paroles de la Reine du ciel. D'ailleurs, on sait que souvent les prophètes n'ont pas la parfaite intelligence de ce qui leur a été révélé. Il faut dès lors distinguer entre les faits divins et les faits humains, et ne pas donner aux uns ce qui appartient aux autres. C'est donc une croyance, aussi forte qu'on voudra, *mais humaine*, qu'on doit accorder aux lettres de Mélanie. La pieuse Bergère mérite qu'on se préoccupe vraiment de ses dires, à cause de sa vertu et surtout de son obéissance parfaite à ses Supérieurs ecclésiastiques. Grâce à Dieu, ces inconséquences d'esprit, que le vénérable Evêque d'Urgel, Mgr Caxat-y-Estrada, a pu constater en France, n'ont pas séduit le digne clergé d'Italie, parce que les théologies qu'étudient, dans ce pays, les jeunes Lévites n'ont pas eu besoin, comme chez nous, d'être corrigées ou abandonnées.

XX.

Nos lecteurs ont dû sans doute se demander, comme nous, comment et pourquoi le Rédacteur de cette *Semaine de Lyon* a voulu discréditer autant le fait de la Salette, les révélations de Marie et son témoin irréprochable. Ceci est un mystère. Cependant les accusations de notre conseur et son jugement ont été reproduits par d'autres *Semaines*. La diffamation s'est donc propagée. Et comme notre anonyme a pris ses illusions pour des réalités et s'est sciemment trompé, ses assertions se trouvent transformées en de réelles calomnies. Nous voulons bien croire que ces coupables *alinéas* ne font pas trop d'impression sur des esprits éclairés, mais nous soutenons qu'ils en font une très-funeste sur la masse des ignorants, sur tant d'*endormeurs et d'endormis qui prêchent que moins l'homme fait, plus Dieu fait.* C'est pourquoi nous disons qu'on ne saurait trop réfuter ces pernicieuses idées de *quiétisme* et ces méchancetés contre Mélanie.

Une plaie de la société actuelle a été signalée. Le remède est donné à ceux qui en souffrent; il y a, dans la guérison des malades, un intérêt général et majeur qui l'emporte sur toutes les autres considérations. Mais, au lieu d'appliquer le baume salutaire, de fondre en larmes aux pieds de Marie, d'entraîner tous les pécheurs à la pénitence, comme faisaient les Borromée et les Belzunce, puis de remercier celle que la divine Vierge a choisie pour sa messagère, on s'endurcit et l'on reproche à Marie d'outrager le clergé! Sa messagère annonce des persécutions sanglantes si l'on ne se convertit pas, et l'on s'emporte contre elle! Elle insiste sur les fléaux qui nous menacent, et on se permet de la qualifier de fille de mauvaise vie, de possédée, de folle, de fanatique, de maniaque...! Est-ce là le moyen d'apaiser la colère divine?

En vain, propage-t-on et nourrit-on cette espérance chimérique, que l'ordre reviendra tout naturellement; que nous ne devons pas ravir à Dieu l'honneur d'anéantir le désordre sans notre coopération et de faire seul triompher l'Eglise par l'intermédiaire d'un *Thiers*; qu'il nous suffit en conséquence de consolider son pouvoir, comme le prétend un prélat; que si le révolutionnaire Bonaparte a pu nous jeter dans l'abîme, cet autre fils et adepte de la révolution a obtenu la grâce de nous en sortir.... Chaque jour on entend de ces sornettes. Mais vraiment ces *quiétistes* sont aveugles ou ignorants, traîtres ou adulateurs. Ne leur accordons aucune confiance. Ah, plutôt! courons tous prier Marie dans ses sanctuaires bénis; multiplions nos bonnes œuvres; redoublons de ferveur et de repentir; immolons-nous pour la gloire de Dieu, la conservation de son Vicaire et le triomphe de l'Eglise.

XXI.

Nous avons fini notre tâche; mais avons-nous atteint le but que nous nous proposions? Nous avions surtout à cœur: 1° d'éclairer des personnes honorables qui parlent peu sérieusement de quelques circonstances ou détails du grand événement de la Salette; 2° de présenter sous leur vrai jour des questions de droit canonique, soulevées par les *Semaines religieuses* de Lyon, de Grenoble et d'autres villes; 3° enfin de prouver qu'il ne convient point de traiter avec si peu d'égards une femme, une religieuse, un témoin de la sainte Apparition.

Mélanie ne peut se taire, parce qu'elle a reçu de la Sainte Vierge l'ordre de faire passer ses enseignements à tout son peuple, et qu'elle a eu l'autorisation de ceux qui dirigent sa conscience de transmettre les révélations qu'elle tient d'En-Haut. Elle est persécutée parce que ses communications déplaisent; et c'est pour cela qu'on la rend vraiment *Marie de la Croix, victime de Jésus.* Mais ses révélations ont reçu déjà plusieurs approbations; elles ne sont d'ailleurs attaquées que par des âmes incrédules, faibles dans la foi, ou dans la vertu, ou dans la connaissance des choses de ce monde. De plus, elles sont sans mission pour les juger, n'ayant pas même la grâce de les comprendre.

Nous n'avons dissimulé aucune des accusations qu'on ramasse de partout, et qu'on entasse sur une existence toujours irréprochable de 42 ans. Nos adversaires ne craignent pas, soit confidentiellement, soit publiquement, par leurs paroles, leurs lettres et leurs publications, de se faire les échos et quelquefois les inventeurs des plus atroces calomnies. Mais nous espérons les avoir anéanties en montrant Mélanie telle qu'elle est depuis son jeune âge jusqu'à ce jour. Nous avons cité des témoignages authentiques, imprimés successivement depuis 1847 jusqu'en 1873. Nous avons pu suivre Mélanie, pour ainsi dire pas à pas, et donner sa vie de chaque jour. Nous gardons le silence et l'on nous en saura gré, assurément, sur les motifs de sa sortie du couvent de Grenoble et de celui de Marseille. Maintenant que S. G. Mgr Petagna, Evêque de Castellamare, a accordé un asile à notre Bergère de la Salette et qu'il daigne lui servir de père, il conviendrait, ce nous semble, que ces petits esprits qui se sont faits les persécuteurs acharnés d'une pauvre exilée, la laissassent pleurer beaucoup sur eux et sur notre patrie désolée. Daignent la Vierge immaculée et son divin fils leur obtenir de Dieu cette grâce d'intelligence et de justice qui jusqu'à ce jour leur a trop souvent fait défaut.

CONCLUSION.

Soyons bien convaincus que la sainteté du clergé sauvera et conservera la société en régénérant chaque peuple. La grande affaire de toute âme croyante et de tout noble cœur est dès lors d'obtenir de la miséricorde divine ces légions promises de prêtres ornés de toutes les vertus apostoliques. Les apôtres, les saints, les martyrs, ont seuls pu constituer la société chrétienne, parce que, dans les mains de ses dignes ministres, Dieu a déposé les destinées temporelles des peuples, et aussi leur perfection et celle des individus. L'apostasie successive des gouvernements et des peuples a ruiné notre société catholique et anéanti les principes sociaux. C'est donc à de nouveaux apôtres, à de nouveaux saints, à de nouveaux martyrs de refaire la république chrétienne en la délivrant de cet esprit révolutionnaire qui s'est infiltré partout et qui putréfie et disloque le genre humain.

TOUT EST PERDU, nous disaient en Orient des missionnaires découragés. Le même cri de détresse retentit en Occident. Saint Liguori, qui prévoyait notre situation actuelle par celle de la société de son temps, disait que le seul moyen de chasser de ce monde la corruption, était d'établir une réforme générale dans les ecclésiastiques. Grégoire XVI la voulait pour des missions latines en Orient; Pie IX la réclamait pour l'Italie ; et il y a un *postulatum* remis au Concile du Vatican sur cette réforme générale. La grande affaire des Conciles fut, toujours et surtout, celle-là; car c'est le pasteur qui fait le troupeau. D'ailleurs, si un mauvais clergé est la source d'une infinité de maux, il n'est pas moins vrai que d'un clergé modèle découlent toutes sortes de biens. Obtenons donc ces saints prêtres, aussitôt la face de la terre sera renouvelée et nous verrons se répandre sur nous toutes les miséricordes célestes.

Dès 1834, le R. P. Muard, fondateur de deux congrégations, écrivait ces lignes : « Quand je songe à l'incrédulité, à la corruption, à l'ignorance où sont tombées toutes les classes de la société en France et presque partout ailleurs, je sens combien il est à désirer que Dieu tire des trésors de sa miséricorde des hommes puissants en œuvres et en paroles, qui rallument parmi nous le flambeau de la foi, et fassent refleurir les mœurs anciennes, comme il fit lorsqu'il suscita à diverses reprises les François d'Assise, les Dominique, les Vincent Ferrier, les Ignace, les François Xavier..... Cette idée fait naître en moi un désir immense que je ne puis définir, comme si je désirais de parvenir à leur sainteté pour faire ce qu'ils ont fait. » Enfin, dès son intronisation, Pie IX appelle à lui et implore de Dieu des ministres remplis de toutes les vertus. « Tous ceux, a dit l'immortel Pontife, qui approchent des autels ne doivent avoir d'autre ambition que de se dévouer à Dieu et de se faire martyrs par leur zèle et leur charité.» La France, l'Europe et l'Église seront donc sauvées quand des légions de prêtres selon le cœur de N.-D. de la Salette et de son vénéré Pontife leur répondront : *adsumus*.

Qu'on n'ose donc plus se récrier sur la partie de la révélation de Mélanie qui ne veut que de saints prêtres et de saints religieux. Tout le monde fait le même vœu en faveur des ministres du sanctuaire. Quant à nous, le moindre d'entre les fidèles, nous avouons volontiers que nous n'avons jamais eu, et aujourd'hui moins qu'avant, ni la mission ni la permission de parler à cet auguste sacerdoce divinement institué par N.-S. J.-C. Le respect et l'amour qu'il mérite, et que nous lui accordons, sont au-dessus de toute parole humaine, bien que diverses circonstances nous aient forcé, plus que d'autres, à voir de bien tristes plaies. Mais cela ne nous a montré que plus éclatante la divinité de la Religion et la beauté toujours immaculée de l'Eglise. Oui, son divin sacerdoce ne peut être que béni; aussi nos paroles à ce sujet ne sont-elles point de nous. Les louanges comme les exhortations que nous publions sont celles de l'Écriture-Sainte et des Docteurs en Israël. Dans notre opuscule que nous intitulons : NOTRE-DAME DE LA SALETTE ET LE CLERGÉ, nous passons seulement en revue les siècles chrétiens, l'un après l'autre, pour copier les plaintes et les avertissements qu'à chaque instant Dieu a fait entendre à ses saints, pour l'instruction et l'amendement des prêtres indignes. Ces pièces prouveront surabondamment qu'il n'est nullement étrange que la mère de Dieu soit venue pleurer sur eux à la Salette. Notre époque, ignorante du passé, mais mieux éclairée par nos documents authentiques, se disposera sans doute à mieux écouter les plaintes de Marie et à tarir ses larmes.

BÉNÉDICTION

Envoyée par S. S. Pie IX à l'auteur des deux précédents opuscules : LES SECRETS DE LA SALETTE ; — CONNAISSANCE APPROFONDIE DE LA STE-APPARITION.

Nous ne publions que ce témoignage, bien qu'elles soient nombreuses les lettres des ecclésiastiques et des simples fidèles qui ont encouragé nos publications. On comprend que la bénédiction du Pape l'emporte sur toutes les autres, et empêche tout reproche. (Voir *La Terre-Sainte* du 31 juillet 1872.) — S. S. Pie IX a daigné agréer deux fois nos opuscules ; le vénérable Evêque qui les a déposés aux pieds du Vicaire de J.-C. les connaissait déjà, et il a eu la bonté d'en dire quelques mots en les remettant. Aussi notre dernière lettre d'envoi nous a fait retour avec une bénédiction écrite de la main sacrée du Souverain Pontife.

« Très-Saint Père !

» Claude-Régis Girard, de Grenoble, le plus humble et le dernier de vos enfants, se prosterne avec bonheur une fois de plus à vos pieds sacrés. Il voudrait bien être le plus valeureux et le plus puissant de tous les chrétiens pour prouver sa piété au VICAIRE INFAILLIBLE DE DIEU... Il n'a que son pauvre cœur et la petite obole de ses amis, avec ses deux opuscules sur la Salette, à offrir à VOTRE SAINTETÉ. Comment alors pourrait-il convaincre les indifférents, les incroyants, et attendrir tous ceux qui font gémir le plus doux des Pasteurs ? Comment les ramènerait-il dans votre sein paternel et aussi dans le sein de la Vierge Réconciliatrice des pécheurs et des nations coupables...? Mais, daigne VOTRE SAINTETÉ le bénir, lui et tous ses associés... Cette bénédiction du nouveau Pierre dans les fers, de notre Victime qui implore notre pardon et s'immole pour nous, opérera ces prodiges.

» Et que Dieu....

» Grenoble, fête de saint Pie V, 1872.

« DIE 13 JULII,
» DOMINUS BENEDICAT TE.
P. IX, P. P. »

TABLE.

FIN.

www.ingramcontent.com/pod-product-compliance
Ingram Content Group UK Ltd.
Pitfield, Milton Keynes, MK11 3LW, UK
UKHW020235220726
13923UKWH00002B/655